[英国] 沃恩 · 洛 著　刘志良 译

国际法

牛津通识读本 ·

International Law

A Very Short Introduction

译林出版社

图书在版编目（CIP）数据

国际法 /（英）沃恩·洛（Vaughan Lowe）著；刘志良译.
—南京：译林出版社，2024.8
（牛津通识读本）
书名原文：International Law: A Very Short Introduction
ISBN 978-7-5753-0092-6

Ⅰ.①国… Ⅱ.①沃… ②刘… Ⅲ.①国际法 Ⅳ.①D99

中国国家版本馆 CIP 数据核字（2024）第 060500 号

国际法 ［英国］沃恩·洛 / 著 刘志良 / 译

责任编辑 田 智 徐琼玉
装帧设计 景秋萍
校 对 王 敏
责任印制 董 虎

原文出版 Oxford University Press, 2015
出版发行 译林出版社
地 址 南京市湖南路 1 号 A 楼
邮 箱 yilin@yilin.com
网 址 www.yilin.com
市场热线 025-86633278
排 版 南京展望文化发展有限公司
印 刷 江苏扬中印刷有限公司
开 本 890 毫米 ×1260 毫米 1/32
印 张 8.125
插 页 4
版 次 2024 年 8 月第 1 版
印 次 2024 年 8 月第 1 次印刷
书 号 ISBN 978-7-5753-0092-6
定 价 39.00 元

序　言

石静霞

“牛津通识读本”作为牛津大学出版社的经典袖珍系列图书，内容涵盖几乎各学科领域的数百个主题，每本均由该领域名家所著。该系列读本中的《国际法》一书由沃恩·洛教授所著。作者是英国牛津大学国际公法教授和牛津万灵学院名誉研究员，还曾任教于英国剑桥大学、卡迪夫大学和曼彻斯特大学等。

国际法是我们与国际社会互动的核心。它一方面保护国际法主体的权利，另一方面也对国际法主体施加相应的义务，并为几乎所有社会、政治和经济活动的行为建立框架。沃恩·洛教授在本书中解释了国际法的基本结构性原则，并探讨了其潜力和局限性。通读全书，我认为其具有几个鲜明的特点。

第一，这是一本真正的关于国际法知识和问题的“大家小书”。全书共分为七章。沃恩·洛教授在第一章从解释何为法律意义上的国家入手，进而在第二章分析了国际法从何而来，即国际法的渊源问题，重点分析了习惯国际法和条约这两种最重要的国际法渊源。为了解国际法的性质，有必要分析国际法规范的具体运行。沃恩·洛教授在本书第三章讨论了国际法的实施，包括国际法在国内法院的实施、守法与抗议、国家责任、裁决国际法争端、国际法庭及国内法院等实施国际法的形式。尽管国际法与个人之间的关系日益密切，但是国际法特别关注的仍然是各个国家。本书第四章至第七章探讨了国际法原则定义国际关系结构的一些方式。其中第四章和第五章关注国际法如何巩固、确保各国的自由；第六章和第七章讨论各国如何利用国际法的机制来组织各个领域的国际活动。

众所周知，国际法问题极为纷繁复杂，因此能在区区几万字篇幅中将其阐释清楚何其不易。作者在撰写该书时既非进行简单的国际法资料罗列，也未流于随性的对国际法问题的主观评说。相反，作者基于其深厚的国际法专业学养和丰富实践，在阐述原本深奥的国际法主题过程中视野开阔，不乏独到的见解，显示出作者对国际法问题的高超驾驭能力和清醒务实的国际法观。例如，对于国际合作，沃恩·洛教授举了各国之间进行国际合作的若干例子，指出这些例子的共同点是合作的好处大于成本。他进一步提出在通常情况下，合作不是利他主义的体现，而是开明的利己之心的体现，而最重要的国际合作领域是国际经济。在地缘政治和地缘经济冲突加剧的多极世界中，这种观点对于各国改善关系、加强国际合作不无裨益。此外，作者强调本书视角绝非审视国际法的唯一方式，且谦虚地提及："我并不认为本书采用的分析视角比任何其他视角都更深刻（更谈不上真实性或准确性更强）。哪种视角最佳，取决于读者想了解什么内容……用剧院售票处的行话讲，请注意本书'部分视线受阻'。"这既是作者的自谦，同时也表明作者试图启发读者以更全面客观的视角看待和理解国际法问题。

第二，这是一本形式上袖珍、内容上全面、理论与实践相结合的国际法入门读物。在有限的篇幅中，本书不仅涵盖传统的国际公法问题，也有机融入了国际私法和国际经济法的诸多方面。例如，在阐释条约对缔约方的约束力时，沃恩·洛教授在讨论人权类公约之后，继续以投资条约中的“公平公正待遇”和世界贸易组织成员在补贴本国产业等方面所受的约束为例，说明这些条约在一定程度上限制主权国家的行动自由。在解释国家为什么合作以及如何合作的问题时，作者特别提及针对不同法律问题协调各国法律的许多公约，包括联合国国际贸易法委员会和海牙国际私法协会制定的一些法律文件，并解释了国际私法与国际公法在国际合作领域的不同作用。

本书纵横捭阖的国际法视野和信手拈来的丰富例证与作者在国际法领域的广泛耕耘和长期实践密不可分。沃恩·洛教授的国际法研究涉猎广泛，不仅包括海洋法、战争法、领土法、引渡等国际公法（著有《国际法》《海洋法》《国际争端解决》等），还涉及竞争法、投资争端、国际并购监管、美国出口管制、反垄断和证券法的域外适用等方面。此外，他还具有广博的法律实践经验，就诸多国际法问题向政府和企业提供专业咨询，2008年被任命为皇家御用律师（Queen’s Counsel）。这些背景使得作者擅长将看似遥远的国际法问题与现实生活有机联系起来，增强读者对国际法重要概念和制度的理解和认识。

第三，这是一本知识性和可读性俱佳的专业读物。沃恩·洛教授试图通过该书既有效传递国际法的基本知识，同时也启发读者关于国际法问题的思考。为此，他将有关国际法的事实、分析、观点、新想法以及他对国际法研究的高度热情在本书中完美结合在一起，从而使本来艰深晦涩的主题变得有趣且具有高度可读性，同时对初入门的读者亦呈现出一定的挑战性。尤其值得一提的是，为使初学者理解作者讨论的国际法问题，本书在多处提供了生动活泼的例子或读者喜闻乐见的插图，以解析深刻的国际法法理。例如，在讨论国际法的功能时，作者指出，一方面，自然人作为社会动物对社会有与生俱来的依赖，但另一方面，自然人对自由的主张又无处不在。人类文明是靠脆弱而复杂的相互依赖关系维系在一起的。从这种反差得出的一个重要推论是，国际法最基本的功能在于确保主权国家的共存。国际法创造了不同社会及其相互关系的秩序，以及很多规则和原则，以便在国际层次上解决这种类似于自然人的悖论：带枷锁的人却桀骜不驯地主张自由。这一类比将国际法的功能提炼得简明清晰，易于理解。在阐释主权平等原则时，沃恩·洛教授认为，主权（更确切地说，主权平等）的观念相当于国际层面上的人人生而自由、权利平等的原则，或者正如一枚领徽上的文字所述，"记住你是独一无二的；其他人也是"。在国际法中，这一原则体现在《联合国宪章》第二条中，该条款指出联合国"系基于各会员国主权平等之原则"。个人并非国际法的主体。但本书中以人为例并将其推及国际法的举例方式有利于读者更自然地理解国际法问题。

面临百年未有之大变局，在统筹国内法治和涉外法治、推动全球治理体系变革的重要进程中，国际法应该成为我国通识教育的一部分。本人相信所有展卷阅读本书的人均会有不同程度的收获。对于那些对国际法感兴趣且有一定理解的读者而言，该书可能会改变读者对一些国际法问题的思考方式；而对于那些尚未涉猎国际法的读者而言，该书堪为绝佳的国际法入门引领。是为序。

目 录

第一章

法律意义上的国家

人生来就在枷锁之中，却无往不自以为是自由身。如果我们突然不能靠他人的帮助，要全靠自己获取饮食、衣物、电力等等，没有谁能够挺很久——更别说过上有收获、有意义的生活。生活在城市里的人，更加依赖他人提供的服务和技术，来保障自己的生活，尽管我们几乎不曾注意到这一点。其实这种恩惠和依赖跨越了代际。我们也许知道我们可以钻木取火、炼石成铁，可以用计算机控制的机器制造芯片；但是如果让我们从地球上存在的原材料开始，制作工具来采矿，制造发动机来驱动工业化生产，并达到必要的机械精度和智识技能水平，足以生产某种产品，比方说芯片，这个过程不仅花费的时间会远远长于任何人的一生，而且可能超出了人类规划长期工程的社会能力。人类文明是靠脆弱而复杂的相互依赖关系维系在一起的。

显而易见，人是社会动物，只有处于社会中才能存活——每个人都处在社会的枷锁之中，这是个体生存的必要条件。有些人所谓的个人财富、财物、权益，如果没有同一社会中所有其他 1

人的合作，其实是无法存在的。但同样显而易见的是，自由这个信念是推动个人发展和社会发展的强大力量，无论自由被视为一种目标、一种渴望、一项原则、一项权利、一种责任，还是被赋予其他教诲意义。自由与社会之间的这种关系，体现在世界各国的国歌中。政府希望我们唱这些歌词，以便让我们更加团结，强化我们的“民族”认同，当然还要强化我们对本国政府的忠诚，而“自由”是这些歌曲中最常见的主题。

事实上个体生来就依赖社会，但人对自由的主张无处不在，这种反差似乎是老生常谈。但基本真理往往如此，有趣之处在于发现其影响和推论。在此可以得出的重要推论是，国际法最基本的功能是确保主权国家的共存。国际法创造了不同社会及其相互关系的秩序，以及很多规则和原则，以便在国际层次上解决这种悖论：带枷锁的人却桀骜不驯地主张自由（见图1）。

主权国家之谬论

国际法学者自然地从国家间关系的角度考虑这种秩序。无论国家的性质如何，不管是民主国家还是神权国家，政治开明的国家还是高压专制的国家，倡导平等主义的国家还是主张精英主义的国家，国家都是最重要的社会单位，国家内部的规则和价值观是对个人行为的主要外部约束。

以国家为重点是一种初步的假设，是一种选择和描述，而非
2 考察现实中世界各地人们如何互动而得出的结论。在实践中，人们组成、加入或生来就属于一系列不同的群体：家庭、部落、城市、行业、宗教、教派、政党、省、民族、邦联、国家、地区等，不胜枚举。个人拥护、放弃或者拒绝拥护这些群体，于是形成了自己的身份。

图1　为确保各国能够共存，哪些规则是必要的

如果在某个时候或某些情况下，影响最大、最主要的区别是我们居住在哪个城市或地区，或者我们的宗教信仰是什么，或者我们支持哪支足球队或使用什么计算机操作系统，我想每日新闻、政治辩论和成文历史等关于社会生活的公共叙事会反映这 3
种关注点的差异。确实，同时存在不同的关注点，这是正常的：电视上本地新闻节目在全国新闻和国际新闻之后播放；全国性报纸、地方报纸和小道消息体现了人们不同的社会利益圈子。如果有人仅仅生活在社会生活的某个层面，那么他可能是个圣人或特别乏味的人。但是，有些人关心国际事务，全国性报纸或

国际性报纸塑造了他们的世界观，至少对于他们而言，政治和经济组织的主要单位仍然是国家——独立的主权国家，其本质特征是国家不听命于其他任何机构，国家在自己同意和赞同的基础上与其他群体发展关系，而不是基于义务或上级机构的指示。

国家具有的这种独立性，最突出地表现为政治原则。当权者在与其他国家的当权者打交道时，通常会确认并遵守国家主权平等和独立的原则。这些原则决定了哪一方可以例行地命令另一方做事，而且可以预料对方会出于义务感而服从命令。警察、地方政府机构、军队等通常遵守本国中央政府制定的法律、发布的命令，但不会遵守任何其他国家或机构的法律和命令。来自其他地方的指示被视为“丧失主权”的迹象，就像中世纪的医生将易怒和嫉妒视为胆汁过多的迹象。主权意味着所有国家都是平等的：每个国家都有权拒绝其他国家发号施令。

当然，实际情况并非如此。世界上许多国家通常都遵从地区超级大国或全球超级大国的意愿，就像个人虽然在原则上
4 享有独立的尊严、法律上的平等地位，却往往会特别尊重雇主、警察、劫持者和其他能够让自己获得重大利益或遭受重大伤害的人。

至于多大规模、范围的社会团体可以被视为一个独立国家，答案在一定程度上是武断的。有些团体本可以分别成为单独的国家，却组成了一个国家。各个州，例如夏威夷、加利福尼亚、阿拉斯加和新罕布什尔，组成了美利坚合众国，就是一个例子。另外一个例子是在1991年之前组成苏联的各个共和国，例如格鲁吉亚、阿塞拜疆、俄罗斯和白俄罗斯。相反，苏联、南斯拉夫和苏丹的解体表明，已经存在多年的某个国家可能分裂成两个或多

个较小的国家。

许多国际冲突的根源正是这种国家划分的武断性。车臣分离主义者认为，车臣不应作为俄罗斯的一部分。泰米尔猛虎组织认为，斯里兰卡北部应成立一个单独的国家——泰米尔伊拉姆；乌克兰分离主义者希望脱离乌克兰，重新加入俄罗斯。另一方面，有些人则认为应当在欧洲内部推行联邦制，将欧洲联盟的成员国组合成一个联邦制国家。

无论多大规模、何种性质的社会单位，其分离和组合很少是革命性的。这类变化通常是通过政府机构之间逐步转移特定权力来实现的：某些权力从中央政府下放到地方政府，权力从成员国转移到欧盟委员会等等。随着时间的推移，某些社会单位变得越来越重要，而其他单位的重要性则降低了。千百年以来，欧洲城市、公国、国家和欧盟的相对力量起起落落，很好地说明了这一点。 5

各种法律规范着这些社会单位与其他单位之间的关系。宪法规定了国家的内部结构，以及诸如中央政府与地方政府关系之类的问题；欧盟法律规定了欧盟的结构及欧盟与成员国政府、立法机关和法院的关系，以及欧盟与非欧盟国家的外部关系等等。国际法侧重于独立主权国家之间的关系。这是社会生活结构和政治生活结构的众多方面之一。

主权平等

自从基于帝国（无论是神权国家还是世俗国家）的政治关系秩序衰落以来，在过去两三个世纪中，主权国家的观念是支撑政治生活的虚构原则之一。主权（更确切地说，主权平等）的观念相当于国际层面上的人人生而自由、权利平等的原则，或者正如一枚领徽上的文字所述，“记住你是独一无二的；其他人也是”。在国际法中，这一原则体现在《联合国宪章》第二条中，该条款指出联合国“系基于各会员国主权平等之原则”。

中国（2014年人口约为13.56亿；国土面积大约960万平方公里，数据来源是美国中央情报局的《世界事实手册》）和瑙鲁（人口约为9 488人；国土面积大约21平方公里）都是平等的主权国家，而且作为会员国在联合国大会都拥有一票表决权。中国不能强迫瑙鲁签署《联合国气候变化框架公约》，而瑙鲁同样不能强迫中国签署该条约，尽管事实上两国都选择加入该条约。正如在人类生活中那样，从法律的角度而言（如果其他方面不是
6 的话），任何人都不能将其意志强加给另外一个人，即便两个人的权力和财富相差悬殊也不能破坏这一原则。

主权平等原则对特定国家有何实际价值，这是一个有趣的问题；但是该原则对国际法律体系而言非常重要。这项原则决定了该体系结构的基本特征。

每个国家都可以自由地与其他国家订立条约，除非一国同意成为某条约的缔约国，否则任何条约对该国都不具有约束力。每个国家均可通过其行为寻求创立习惯国际法的新规则。在采取多数表决制的大多数国际组织中，每个国家都有平等的表决权。（有一些例外，例如国际货币基金组织和欧洲联盟，这些组织采取加权投票制，以反映各国在该组织活动中的相对重要性，即其经济的相对国际重要性。）对于每个国家，其行为及其外交官均享有同等豁免权，不受其他国家法院的管辖。诸如此类的例子还很多。

当然，有些国家比其他国家更加活跃、影响力更大。但是，即使是小国也能拥有相当大的影响力。马耳他在20世纪80年代海洋法的重大改革中发挥了关键作用，海洋法确立了全球百分之七十区域的法律制度；在更早的时期，在秘鲁、智利和厄瓜多尔等国家的推动下，海洋法取得了一些非常重大的进展。这在很大程度上取决于国家外交代表的个人素质。富有远见卓识、纵横捭阖的大使或外交部长能够发挥的影响力，可以远远超出他所代表国家的大小。在当今世界，思想以惊人的速度传播，只要某种观念满足时代的需要，是谁首先提出这种观念就无关 7
紧要了。现在谁还记得是哪个人最早发出呼吁，要求制定禁止贿赂、酷刑、出口补贴的条约？

主权平等原则的含义体现在国际法的特定规则中。例如，《维也纳条约法公约》规定，通过威胁而获缔结的条约无效，从而体现了下述原则：即每个国家都必须自由地表示同意接受某项条约的约束，并且任何国家都无权将其意志强加于另一个国家。正如下文将提及的，国际法禁止一国对另一国进行威胁或使用武力，并且禁止经济胁迫。不易察觉的一点是，国家的平等受到国家管辖权原则的保护，该原则规定了一国可以在何种程度上用本国法律和法院管辖民众和交易。这些原则保证每个国家都能通过实施其国内法（有时又称“地方法”，即适用于一国或其部分地区的法律，例如英格兰法或苏格兰法），来自行决定在其边界内维持何种社会形态。

在国际法律体系中，国家处于中心地位，这导致人们普遍认为，国际法的历史与国家这个政治概念的历史齐头并进。据说现代国家制度可以追溯到17世纪中叶的《威斯特伐利亚和约》，也有人认为，现代国家制度随着文艺复兴时期意大利城邦的崛起而诞生；据称随着17世纪荷兰博学家、外交家胡果·格劳秀斯以及后学埃默里克·德·瓦泰尔等人的著作相继问世，国际法已成为一个学术性专业学科。这种说法对很多学者不公平，例如牛津大学教授阿尔贝里科·真蒂利，他的著作不仅早于格劳秀斯的著作，而且比后者的法学水平更高；甚至更早的法学家，例如比托里亚和苏亚雷斯，他们探讨了西班牙帝国征服新世
8 界的相关法律问题。但是此类简史主要存在三方面的误解。

首先，社群之间的关系古已有之。甚至在欧洲独立国家体系常态化之前，各个帝国就与邻近的帝国、国家以及附庸国之间有来往。其次，在欧洲以外，也有数量丰富、年代更久远的著作，与格劳秀斯的著作一样堪称“国际法”。其中最著名的著作包括公元9世纪伊拉克法学家谢巴尼和再早上一千多年的印度哲学家考底利耶的作品。第三，我认为重点不应该放在著作上。官僚机构和习惯是国际法的灵魂所在。法学家只是将其系统化。21世纪各国之间打交道时所采用的原则和惯例具有延续性，可以追溯到历史上最早的政治团体的外交官、代理人和使者之间的往来。古代巴比伦的条约看上去是与现代条约相同的法律文书。如果要寻找国际法的开端，国际法应该诞生在这个时刻：为了让其他官员知晓，某个首领或国王的专业助手首次记录下外国统治者的承诺以及与外部群体打交道的方式（包括对其发动战争的“正确”方式）。

国家和人民

目前，世界被划分为将近200个主权国家。这个数字是个约

数，因为时不时有旧国家消失、新国家出现。例如，马来西亚和阿拉伯联合酋长国都是多个国家组成的联邦，在殖民统治时期之前的更早历史上，这些国家都是独立的。也有相反的情况，在非殖民化时期，原来的殖民地摆脱列强的统治获得独立，许多新的国家出现了，之前是由宗主国负责处理这些“海外领地”的国际关系。

自1945年以来，非殖民化是主权国家数量增加了两倍多的
主要原因。而其他国家的出现，是因为单一国家（例如苏联和南 9
斯拉夫）解体，这些单一国家最初往往是多个独立国家或公国合并而产生的。

这类国家至少可以统计出数量；但也有一些实体，诸如“北塞浦路斯土耳其共和国”（TRNC）之类，以及早前的特兰斯凯、西斯凯等南非班图斯坦国家，它们自称是国家，但并没有得到任何其他国家的承认，除了对其进行扶持的国家（分别是土耳其和南非）。同样，巴勒斯坦和科索沃等实体也宣称其拥有国家地位，并得到许多国家的承认，但（尚）未得到所有其他国家的承认。这些实体的地位通常并不明确；但是导致这种状况的主要原因并不是国际法的缺陷，其实公正地应用国际法原则通常可以得出明确的结论，主要原因是一些国家或所有国家不愿承认这些明确的结论。例如，巴勒斯坦无法加入联合国的原因是政治上的对立，而不是巴勒斯坦不满足建国的法律条件。

根据国际法，一个实体要成为国家，就必须有永久的人口。南极洲之所以不能成为一个主权国家，一个原因是南极洲没有居民：南极洲只有来访的科学家和游客。（普遍的看法是，南极洲不归任何人所有，但包括英国、法国和澳大利亚在内的少数几

个国家声称对南极洲部分地区拥有主权。）还必须在有效政府的领导下把人民组织起来，政府大多数情况下都能命令或强迫大多数人民服从其要求。国家体系的核心目标是，各国之间进行交往时，这个星球上的每个社会、每个地区都有有效的权威机构作为其代表，并承担由此前提产生的权利和责任。

根据国际法，成为国家的一项基本条件是这个国家必须拥
10 有实际的领土，即使其面积很小。土地最初是通过征服而被某个君主统治的；直到20世纪上半叶，征服仍被公认为是获取领土的合法手段。如今，只能通过和平手段来改变对领土的所有权，例如通过条约割让领土，或者长期占领某块土地且不受他国质疑和抗议，从而根据时效获得所有权。一个国家的边界不必完全划定。以色列的边界尚未全部划定，就被承认为国家，印度也存在同样的情况。但是必须能够明确看到在某个特定地方存在着一个国家，即使该国的具体边界仍有待确定。

无论网络空间这个虚拟世界多么完善，都不会出现在国际关系的地图上。但是，也不能完全否认出现虚拟国家的可能性。尽管梵蒂冈城面积很小（在中央情报局的《世界事实手册》中，其面积显示为零，但实际上约为0.44平方公里），人口很少（约为842人，很难自给自足），但其他国家却承认其为主权国家。1929年签订的《拉特兰条约》确立了梵蒂冈城的现代国家地位；而罗马教廷是一个独特的法人，与梵蒂冈城国共存，行使梵蒂冈城国的政府职能，是世界各地罗马天主教徒（或更准确地说是罗马天主教）的代表。如何解释梵蒂冈城的地位呢？可以将其视为反常的历史遗存；但国际社会似乎普遍认为梵蒂冈城可以继续保留其国家地位。如今，与其他宗教（例如伊斯兰教或印

度教）相比，罗马天主教并没有什么独特之处导致其需要一个国家作为其代表；难以理解的是，为什么其他非宗教的虚拟社会就不能根据类似的理由也获得这种代表权呢？但是，目前每个国家都需要有物质基础。除了永久的人口和有效的政府，领土也是合法国家地位的标准之一。 11

一般来说，成为国家还需要满足第四个标准：与其他国家建立关系的能力，也就是要求该实体能够自由决定和执行自己的外交政策，并且不受任何其他国家的控制，这是主权平等原则的另一种体现。最后这项要求事关国家的独立性，这解释了为什么"北塞浦路斯土耳其共和国"和南非班图斯坦未被承认为国家：前者完全依赖土耳其，而后者完全依赖南非。

有些国家和有些国际法学者认为，对国家还有第五项要求，即所谓的"合法性"：该实体以符合国际法的方式实现了必要的独立。这从另外一方面解释了为什么国际社会不承认"北塞浦路斯土耳其共和国"和班图斯坦。前者是土耳其在1974年武装入侵塞浦路斯的产物，后者是实施种族隔离政策的产物，几乎所有其他国家都认为上述行为违反了国际法。关于是否需要符合"合法性"的标准，这个问题目前仍然没有明确答案，因为不太可能会有法庭就该问题做出裁决（尽管国际法院在2010年关于科索沃地位的咨询意见中谈及了该问题的某些方面）。各国法院的法官实际上会接受其政府的领导，而各国政府很少解释它们为什么承认或不承认一个新的国家。在国际上，是否承认一个新国家，实际上是由联合国大会根据安全理事会的建议表决决定的，并且前提是希望获得承认的实体提出加入联合国的申请，但是除非候选实体认为它能得到足以保证成功的支持，否则它不会提出申请。

自决权

以上就是对获得国家地位的要求：如果某个实体希望被视为国家，就必须满足这些条件。国际法包含一项重要原则，赋予
12 了人民寻求独立国家地位的完全权利。这就是《联合国宪章》第一条所载的“人民平等权利及自决原则”。这项原则通常可以追溯到马克思主义的早期文献，例如1896年于伦敦召开的第二国际第四次代表大会通过决议表示“一切民族都有完全自决权”（*Selbstbestimmungsrecht*），但是很难将自决权与民族主义区分开。这项法律原则的实质是任何人民都不应受到外族统治，特别是殖民统治。

这并不是说拥有自决权就必然要独立。人民可以选择独立，但他们也可以选择与某个独立国家建立某种形式的自由联合，甚至加入某个独立国家。英国政府认为福克兰群岛/马尔维纳斯群岛和直布罗陀人民拥有自决权，两地在就主权归属进行全民公投时，结果仍然选择归属英国。

自决原则附属于“人民”。共同享有自己的种族特点、语言、文化和历史，就是某个“人民”的特征。例如，芬兰人和撒哈拉人就是“人民”。1960年，联合国大会关于给予殖民地国家和人民独立的第1514（XV）号决议（罗马数字“XV”是指联合国大会的届次，从联合国1945年成立时算起）以及对其做出补充的第1541号决议规定，各国有义务在其负责管理的任何非自治领土内发展自治，并规定了自决权的某些具体问题。然而，尽管专业机构就确定“人民的地位”的标准提出了建议，而且在就诸

如南斯拉夫解体等事件做出决定时详细分析了这个问题，但目前“人民”一词仍然没有权威的定义。

之所以没有权威的定义，是因为围绕该问题存在严重争议。
阿根廷和西班牙认为，“移植”的居民，例如马尔维纳斯群岛/福 13
克兰群岛和直布罗陀的居民，没有自决权。考虑到人类历史变幻莫测，如果认为只有祖祖辈辈都扎根于某地的当地居民才有自决权，将严重限制自决权的范围，正如美国和英国等国家的立场所表明的。反对“移植”的居民，其实是对殖民时期特定遗存的反对。

联合国文件还进一步明确地限制了自决权。1970年联合国大会以协商一致的方式通过第2625（XXV）号决议——《关于各国依联合国宪章建立友好关系及合作之国际法原则之宣言》。该文件规定，自决权不授权或鼓励采取任何会损害现有主权独立国家之领土完整或政治统一的任何行为，这体现了各国的普遍认识。尽管所有国家都认同结束欧洲殖民主义的必要性，但没有哪个国家希望自决权原则的表述赋予某些团体从本国分离的合法权利，从而鼓励国内分离主义运动，例如巴斯克人、泰米尔人、车臣人、苏格兰人等（见图2）。并不是说这些团体无法得到任何法律承认；但是，有时根据诸如1995年《欧洲保护少数民族框架公约》之类的法律文件，它们被视为有权在各国内部得到保护的少数民族，而不是被视为享有自决权的“人民”。

对国家和政府的承认

有些实体可能满足成为国家的条件。另外，他们的人民可能也享有自决权。但是他们可能未被承认为国家。巴勒斯坦是

图2　巴斯克人主张其拥有自决权。这幅画位于贝尔法斯特共和派地区的一处墙壁上

14 最明显的例子。联合国于1975年成立了巴勒斯坦人民行使不可剥夺权利委员会，明确证实了巴勒斯坦人民拥有自决权；而且巴勒斯坦满足永久的人口、边界基本明确的领土、有效的政府以及不依赖其他国家的独立性等要求，至少达到了其他一些实体被接纳为联合国会员国时具备的水平。（虽然巴勒斯坦部分领土被以色列军事占领，但以色列仅主张对巴勒斯坦领土的某些部分拥有主权，特别是在耶路撒冷周边，以色列并不主张整个巴勒斯坦在法律上都应接受其统治。）但是，美国、以色列和其他一些国

家仍然不承认巴勒斯坦是一个国家，而且以色列确实还对巴勒斯坦实施了制裁，因为巴勒斯坦试图单方面加入联合国，并未寻 15
求与以色列全面解决巴勒斯坦问题。

为什么会存在这种自相矛盾的情况呢？原因如下：尽管某个实体明确满足成为国家的法律标准，但没有哪个实体可以强迫另一实体承认其为国家。承认仍然是一个非常政治化的行为；一国可以纯粹出于政治考虑而拒绝承认另一国。一国可能会认为，当时不承认某个国家有助于更好地维护政治稳定和正义，因而有些国家不承认巴勒斯坦，有些国家拒绝承认以色列，尽管这两者都符合国家的法律标准。拒绝承认是为了施加压力，以便达成持久的政治解决。

一个国家通常通过某些正式步骤来表示对另一个国家的承认，例如互派外交代表；表明不承认的方式也有多种，例如拒绝接受未被承认的国家为国际条约当事国，拒绝该实体的外交代表，以及明确声明不承认。

但是，不能将符合建国客观标准但未获承认的国家视为不存在。例如，任何国家都无权入侵未获承认国家的领土。但是，一国可以拒绝与另一国开展任何国与国之间的往来（正常的外交关系），并且在某个实体申请加入联合国或仅向国家开放的其他国际组织时，各国在决定支持还是反对方面具有广泛（但不是无限）的自由裁量权。

在过去，如果某国新政府通过不符合宪法的手段上台（例如
通过政变而不是选举），他国对该国政府和该国予以明确承认的 16
做法并不罕见。在20世纪，大多数国家放弃了这种做法，主要原因是，人们认为一国声称“批准”另一国政府是不合适的，并且

人们还担心在特定情况下承认某个政权，可能被其余国家视为对该政权的认可，而该政权可能是通过极其恶劣的残暴和腐败手段上台的。

英国于1980年正式放弃了承认外国政府的政策，并在议会声明中宣布该政策变化。但不知道为什么，英国在2011年恢复了早前的做法，当时利比亚内战爆发不久，英国宣布从那时起承认利比亚“叛乱分子”成立的政府，从而默示不再承认设在的黎波里的现政府——这项声明就像弦乐四重奏第二乐章结束时的掌声一样恰当和有用。未获承认并不能剥夺某国政府的基本权利，例如，该政府在其控制领土内已制定的法律和采取的行动应得到一定程度的尊重。但是，未获承认会让该政府的日子非常困难。例如，未获承认的某国政府可能无法使用该国的银行账户，或无法获得该国在各种国际组织的席位；更广泛地说，拒绝将外国政权视为合法政府，会产生政治和经济影响，从而严重限制其参与国际关系的能力。

小　结

简而言之，从政治角度看，世界被划分为各个国家（在大多数情况下边界并无争议），就像学校里彩色地图集所描绘的那样。这些国家是主权独立的承载者，主权独立使国家统治者有
17 权选择和确定本国社会秩序的性质，只要这种社会秩序是由法律和政府行动所建立和保障的。

国际法规范国家问题以及国家之间的关系。国际法保障各国边界的安全，并规定各国拥有不受邻国入侵和胁迫的权利。国际法明确每个国家都有选择自己政治、经济和社会制度的权

利。国际法提供了在经济、政治和外交等各个领域内处理国家间关系的机制和程序；国际法还提供了制度框架，各国公民可以在该框架内跨境旅行和从事各种业务，该框架涵盖贸易、婚姻、旅游、有组织犯罪，以及人类创造力和进取心涉及的其他重点领域。通过规范一国管辖权——制定和执行法律的权利，这些法律规定人们可以做什么、不可以做什么，以及人们可以如何、何时、何地以及与谁在一起做某事——的范围，国际法决定了国家这个社会单位的有效权限范围。 18

第二章

国际法从何而来？

国际法从何而来？这个问题涉及以下相互关联又截然不同的事情，就像一个绳结。由谁下令某个国家必须这样做或那样做？国家为什么遵守法律？如果法律规则最初是各国制定的，那么真的可以将这些法律规则视为对各国的重大限制吗？在这个阶段能够很好地解开这个绳结。

对这个问题，简短而传统的答案是，国际法的规则有两个主要来源，即条约和习惯国际法，两者都是由各国创造的；因此，各国选择了约束自己的规则——它们同意的规则，并受这些规则的约束。但是，这种简短而流于形式的答案，几乎无法让人洞悉国际法的真正含义或国际法发挥作用的方式。

事实上，在世界各地的政府机构中，公职人员通常都是在国际法框架内开展业务，而随着公司管理人员和个人与国际法的关系日益密切，他们也会这样做。与其说国际法对人们施加了约束，不如说国际法规则在很大程度上阐明了开展国际交易
19 的正常方式，即国际机构（包括公共机构和私人机构）默认的规

则，因此在大多数情况下，只有刻意的行为才会违反国际法。习惯成自然，墨守成规，员工普遍希望不要因为做出错误的决定而危及工作职位和退休金：这些因素是国际法具有强大约束力的主要原因。对于“你为什么要这样做”这个问题，没有比这更好的答案了：“每个人一直都是这样做的；而且法律也规定我们应该这样做。”

如果我们更加具体地分析习惯国际法和条约的性质，就能更清晰地了解官僚体制运作的这种惯性。

习惯国际法

许多国家的法律制度中都存在习惯法，尤其是在非洲和亚洲地区，而且其他一些地方也是如此。例如，在英格兰法中，谋杀不是成文法规定的犯罪，而是普通法中的犯罪，这种普通法是从习惯法制度发展起来的。

习惯法制度，包括习惯国际法，植根于规律性的明确做法。有些行为准则在社会中已变得根深蒂固，而且人们认为这些准则非常重要，违反这些准则的行为性质特别严重，不仅会引起社会谴责，而且还会受到有组织的执法处罚，包括逮捕、罚款、监禁等。例如，外国国家元首及其外交使节不受当地法院的管辖，自古以来这一点就得到了公认。给予这种豁免的做法已经牢固确立。几乎所有国家在几乎所有时间都尊重这种豁免权，1979年美国驻德黑兰大使馆外交人员和领事人员被拘留是非常罕见的
一个例外，此举被指责违反了国际法。相关做法的普遍性使这 20
种豁免权成为习惯国际法的规则，因此囚禁大使不仅被视为不友好、不好客的行为，而且被视为侵犯权利、违反义务的行为，会

引发法律制裁。

某种惯例不必得到每个国家的赞同才会成为习惯国际法的规则：只要有足够多的国家，特别是主要国家和受该规则影响较大的国家（例如，有能力将火箭送入太空的几个国家是受外层空间法影响较大的国家）赞同这一惯例就足够了。最重要的是，各国对于这项规则没有或几乎没有分歧——没有明显的不同做法或对该规则表示反对。

国际法学者经常用小路这个比喻来说明习惯国际法规则是怎么出现的。比喻有其局限性，但能够很好地阐明要点。经常沿着同一条路线走，就会踩出一条明显的路径，无论是几个人还是很多人经常走；并且如果人们知道应该遵循这条路，那么这条路就会很清晰，几乎没有或根本没有迹象表明有人会偏离这条路或试图走出新的替代性道路。但是，如果人们到处随意走，没有形成清晰的道路，就不会出现人们应该遵循某条特定路线的普遍期待。

有些常规做法具有法律规则性质，例如外交豁免规则，它们不同于虽然同样得到一贯遵循但并非严格的“法定”做法，例如不时免除最贫穷国家的政府间债务。重要的一点是，为了证明某项国际惯例已经成为习惯国际法的规则，这项国际惯例不单
21 单应当得到实际的遵循，而且必须被大多数国家视为具有法律约束力，即遵循惯例不只是出于选择或政策考虑，而且还是出于法律义务。确信规则确实具有法律约束力，因此一个国家具有实施该惯例的合法权利（或义务，取决于规则的内容），反之，未遵循该惯例的国家应面对国际法制裁，这种信念的法律术语是法律确信（*opinio juris*）。

通过审视各国官员关于某种常规做法的表态，我们可以判断各国的常规做法中有哪些被视为受国际法规则约束。例如，1984年，在伦敦圣詹姆斯广场附近，有人从利比亚驻英国的人民局①窗户向外射击，导致英国女警察伊冯娜·弗莱彻中枪死亡，英国政府公开表明立场，只要该建筑物仍然是外交使团所在地，就享有豁免权，英国警察无权进入。英国政府发言人解释说，遵循这一惯例是因为国际法关于豁免权的规定。但英国也根据国际惯例迅速采取行动，断绝了与利比亚的外交关系并下令关闭利比亚大使馆（并让大使馆工作人员有机会清理房舍并离开），此后该建筑就丧失了外交豁免权。这些行为，再加上英国政府对其行为的解释（即法律确信），证明英国遵守关于外交馆舍豁免权的规则。这些事件，再加上关于其他国家的类似证据，构成了各国“接受为法律的一般惯例”。

通过寻找政府明确陈述的观点，作为“法律确信”的证据，从而确定习惯国际法的规则，这是比较复杂的办法。在大多数情况下，人们已经就这些规则达成了普遍共识，国际法教科书中系统地阐明了这些规则。 22

如果规则经常被违反，这一点并不重要。习惯国际法就像宗教。我们可以问一个问题，某一宗教对人们有什么要求呢？权威的答案不在于该宗教现有信奉者的实际实践，而在于可能由牧师或神学家阐述的正统神学观点。我们不会在意信徒实际的所作所为，而是看重其所在团体的领袖说他们该怎么做。伪善往往招来非议，但在维持道德标准方面，伪善起着至关重

① 即大使馆。——译注

要的作用。说闲话也有同样的作用。遵守纯洁的行为规范，往往让人厌烦，而伪善和说闲话让人们可以在口头上倡导这样的规范。

人们如何或者为什么开始遵循特定规则，这并不重要。例如，关于不得逮捕外国君主的规则，其起源是人们认为国王和皇帝曾被施以神圣的涂油礼，即使他们本人实际上并不是神。事实证明，君主之间交往时这些规则很有用（至少是很方便，而且没有哪位君主或哪国政府愿意放弃这些规则），当君权神授的神话早已被权力民授的神话所代替，这些规则仍然得到遵循。关于君主豁免的规则——现在通常称为国家豁免，以反映政治状况的发展和很多政府官员及代表都享有这种豁免的事实——仍然是国际法中常用的一部分。

如果习惯国际法的某项规则丧失了用途，那么就会出现改变该规则的呼声。例如，过去的情况是，英格兰法院在所有情况下都会给予外国政府及其下属机构豁免权，包括共产主义国家的国营贸易公司在市场上从事商业交易的情况。这导致了大量投诉，声称在这种情况下，豁免权使国营贸易公司获得了私营公
23 司无法获得的优势。在1977年的特兰德克斯贸易公司案中，英格兰上诉法院在研究了其他国家法院的做法后，决定英国应与大陆国家保持一致，适用“限制性豁免”原则，即对“政府”行为而非“商业”行为给予豁免。英国议会也开始制定具有同等效力的法律《国家豁免法》，该法于次年生效。但是国际法也是英格兰法的一部分，英国法院有权而且确实有义务间或适用现行国际法，除非国际法违反了英格兰法。

习惯国际法的变更通常源自一个国家或少数国家的行动，

即单方面采取新的做法，以期使之成为国际法的新规则。如果有足够多的其他国家默许这种新做法，并随后应用该做法所代表的新规则，从而也采取相同立场，那么“一般惯例”将很快发生变化，不再遵循旧规则的做法，而是遵循新规则的做法。因此，在20世纪40年代和50年代初，少数南美洲国家开始主张对其沿海200海里以内的渔业资源拥有专属的控制权。当时，大多数其他国家认为这些主张是非法的，并坚持认为沿海国对邻近水域的权利仅涵盖3海里或12海里的距离（各国对领海的精确距离存在不同看法；但是，大多数主张都没有超过12海里）。沿海国家的权利被限制在狭窄的范围内，这导致少数几个发达国家的工厂化捕捞船队可以随意掠夺公海渔业资源，引发沿海国家的不满，于是很多沿海国家开始重新考虑其立场；到20世纪70年代，大多数国家的做法都支持200海里管辖权的主张。这就创立了习惯国际法的新规则。

近年来，临时组建的联盟在科索沃、伊拉克和利比亚使用了武力，这引发了一个问题，即在某些情况下，为了阻止现政府大
规模侵犯人权，在某些情况下允许使用武力是否正在成为一项 24
新的国际法规则。有些人说，1999年北约轰炸科索沃和2011年在利比亚划设“禁飞区”这类事件，证明了这一规则正在形成，但另外一些人认为，这些事件不过是表明某些西方国家希望不参与地面作战就能维持或推翻特定的外国政权。尽管新做法背后的动机并不妨碍这种做法成为习惯国际法规则，但其动机会对各国是否普遍接受新做法产生重大影响。不过，重要的是应当明白，即使西方国家的政府和新闻界似乎对特定事态发展保持一致立场，世界上其他地区的看法也可能大相径庭。

习惯国际法的编纂

有时习惯国际法的规则被编纂成文。联合国设有一个专家组成的机构，即国际法委员会（ILC），该机构负责研究国际法的各个领域，在习惯法足够清晰并且编纂条件成熟的领域，起草阐明习惯法的文本。其中某些文本可能随后提交国际会议讨论。在国际会议上，国际法委员会的文件经参会国协商修订后，可能获得通过成为条约。《维也纳条约法公约》就是这样诞生的一项条约。这些条约对选择成为其缔约国的国家具有约束力。如果某些条约准确地体现了习惯国际法，习惯法的基本规则将对所有国家都具有约束力，无论这些国家是否批准条约成为缔约国。批准条约的好处是，缔约国可以援引明确规定了缔约国权利和义务的具体条文，这让缔约国之间的关系具有确定性。在其内容存在争议的情况下，习惯国际法就其本质而言更难以明确和
25 证明。

有时，国际法委员会的文件只是作为该委员会的决议获得通过，并得到联合国大会的注意。即使仅以该形式存在，这些文件也可能发挥很大的影响力，作为习惯国际法的权威论述而被法院和法庭援引，在各国政府的外交文电中被提及。最典型的例子是国际法委员会2001年通过的《国家对国际不法行为的责任条款》。这些条款大体上说明了在哪些情况下国家应对违反国际法的行为负责。这些条款涉及的内容包括：国家对其政府官员和机构（包括立法机关、法院、行政当局和其他政府机构）的行为负责的问题；免除责任的一般辩护理由，例如一国在被胁迫的情况下，或由于不可抗力，或出于必要（在有限和严格界定

的情况下）采取了行动；责任国要承担的后果，包括其他国家采取反措施的权利，以迫使不法行为的责任国重新履行其义务；以及受害国由于受损害而获得赔偿的权利。国际法委员会的条款中并未规定作为被违反主体的国际法规则：这些规则包含在各项条约或习惯国际法中。国际法委员会《国家对国际不法行为的责任条款》的影响力很大，在外交活动以及各国国内和国际法院、法庭中经常被援引。

习惯国际法的影响力

习惯国际法具有强大的生命力。大多数国家在大多数时候都遵守习惯国际法的大多数规则。显而易见的是，我希望如此，这个道理其实是同义反复：各国通常遵循习惯国际法，因为习惯国际法是由各国通常遵循的惯例组成（再加上人们认为这些惯例是国际法规则的表现）。换句话说，并不是习惯国际法把约束力赋予某些行为规则，从而使这些规则成为国际法规则。相反，26
习惯国际法是由各国认为具有法律约束力的行为规则组成的体系。

这并不是说习惯国际法没有约束力，也不是说——除了非常抽象的意义上而言——各国可以自由选择接受哪些规则的约束。各国在行为表现最好的时候，在公开主张它们认为某些规则和标准必须得到遵守时，就是在制定规则。它们通常在批评其他国家不遵守规则时发表这些言论。但是，当各国受到诱惑想降低自己所采用的标准时，规则的存在就会有力地督促各国遵守标准；这是国际体系中遵规守约压力的宝贵来源。

外人往往无法清楚地认识到这种压力到底有多大；但是，参与国际法实践的人都非常明白这一点，无论他们是政府法律工作者或部长，还是公司律师或国际法律界的执业者。官员们常说，一个国家不会用强有力的观点捍卫其行动，因为将来别人也会反过来把这种观点用于批评该国。随着宗教法和自然法的衰落，绝对道德准则的观念可能已经消退，但是保持始终一致仍然是重要的道德观念，其约束力在很大程度上并未减弱（见图3）。

对一致性的要求只会偶尔受到挑战，例如美国“例外主义”的论点——即鉴于美国的经济和军事实力，美国在国际体系中承担特殊责任，因此国际法规则应特别关照美国的利益。美国往往在讨论使用武力的规则时，以及在声称美国特别适合担任“世界警察”角色时提出该论点，但是这种观点进展甚微，而且
27 不太可能走得更远。随着金砖国家——巴西、俄罗斯、印度、中国和南非——等经济和军事大国以及欧盟在全球和地区层面

图3　始终一致是最重要的道德价值吗

上崛起（而且随着政治、经济和军事力量作用范围的改变，“地区”的概念也发生了变化，“地区”本身也是国际法中的一个重要主题），某个国家很难再声称自己享有特别豁免而不必遵守世界其他国家都应遵守的规则。保持规则的一致性，以及保证行为的可预测性（一致性是可预测性的前提条件）事关每个国家的利益。

上述观点是在讨论习惯国际法时提出的，但是这些观点适用于所有法律规则，无论其源自何处。直到20世纪中叶，习惯国际法一直是国际法的主要渊源。但是现在条约和其他法律渊源已经后来居上，下文我将进行阐述。

条　约

习惯法具有很强的适应力；但习惯法形成的过程可能很漫长，而且习惯法往往不太精确。必须首先开创某种做法。然后 28
还要等各国的实践形成惯例。即使形成了惯例，这种惯例也可能并不全面或者准确。很明显，大使被给予豁免权，但是大使的孩子、配偶或伴侣是否享有豁免权？如果在某国的水域发生了石油泄漏，多大的泄漏量才构成违法的污染事件？一手提桶？一木桶？还是油轮一半的装载量？

再比如，某个活动领域需要规则，而在该领域不太可能自然而然地出现多国同时采用某种做法——例如关于国际贸易、关税和补贴的规则——或者有必要成立一个新的机构，例如国际刑事法院、欧盟或联合国，但无法通过各国的实践自发形成此类国际组织。还有另外一类问题，在一些情况下，某个国家只有事先知道其他国家会采取什么步骤时，自己才会采取行动：裁军就是一个例子。.在这种情况下，显而易见的方法（通常也是唯一现实的方法）是缔结一项内容明确的协议，即条约（见图4）。

有人可能推测，19世纪列强体系瓦解，导致习惯国际法这种非正式的、基于共识的立法方式没落，而独立国家的数量大幅度增加，再加上国际旅行和交流日益便利，必然导致各国就国际法新规则进行审慎谈判，并将其细化为书面的条约。其他人可能会说，至少在某些情况下，签订国际协议往往取代了行动。明显的例子是关于环境和人权的条约中，会有一般条款敦促各缔约国尽最大可能执行该条约：在无法就某些事项达成明确协议的情况下，通常会写入措辞含糊的笼统条款。再者，有人可能会
29 说，到了20世纪，习惯国际法已经完成了自己的使命。习惯国际

图4　各国都认真对待条约。肯尼迪于1963年签署《部分禁止核试验条约》

法奠定了国际关系的基本框架，现在的任务是在该框架上确立更详细的规则，只有通过谈判、基于明确共识起草文件，才能确立这些规则。无论是什么原因造成的，现在制定国际法新规则的最常用手段是条约，《联合国条约汇编》的卷数越来越多——目前约有2 600卷——就是证明。

条约就是国家之间具有法律约束力的协议。“条约”是国家之间具有法律约束力的协议的通称。此类协议具有多种名称，例如“协定”“条约”“公约”“协议”“盟约”“宪章”“议定书”和“换文”。特定文件的名称不同，只不过是文体差别和外交传统造成的。 30

如果各国希望清晰准确地阐明彼此之间的权利和义务，它们往往会通过谈判达成一项双边或多边条约。这种做法的优势是精确、快速，虽然复杂的多边条约，例如与世界贸易组织和国际贸易体系相关的协定，有时可能需要多年谈判才能达成。

在多边条约的谈判中，一个目的是让各国最大程度地参与条约，另一个目的是让缔约方做出最大限度的承诺，要在这两个目标之间取得平衡。以联合国1979年《消除对妇女一切形式歧视公约》（CEDAW）为例。在该公约第二条中，缔约各国“谴责对妇女一切形式的歧视，协议立即用一切适当办法，推行政策，消除对妇女的歧视”。该公约继而明确了缔约各国应当遵守的具体规定。但是，在看待和对待妇女的方式上，各国存在很大的文化差异。如果目标是世界上所有国家都应加入《消除对妇女一切形式歧视公约》，那么就必须把禁止歧视的规定控制在一定限度内，使最不愿承诺消除歧视的国家也可以接受。如果目标是做出强有力的承诺，就可以将这些规定设在意愿最强烈的国家可接受的水平。(而且,我还要补充的是,不愿做出国际承诺与不愿接受基本原则是两回事。为了消除性别歧视,有些国家在其国内法律中提供了非常广泛的法律保障。这些国家可能不愿成为条约的缔约国,因为他们担心条约义务与国内法不完全一致。例如,尽管美国人明确认同消除性别歧视的必要性,但有些美国人仍对《消除对妇女一切形式歧视公约》的影响表示担忧,例如该公约是否会导致军队中的妇女担任作战角色,是否影响
31 带薪产假,这是美国批准该公约所面临的障碍。)

为了让某项条约的规定在广度和深度之间取得最佳平衡,一种办法是允许各国对条约做出保留(或声明"例外",欧盟国家通常这么表述)。某个国家做出一项保留,实质上表明该国接受条约,但条约的某些特定条款除外,或者要以保留声明中明确的某些特定条件为前提。例如,针对《消除对妇女一切形式歧视公约》,澳大利亚就产假问题做出保留,而印度则宣布,"虽然我国原则上完全支持婚姻必须正式登记的原则,但在印度这样一个幅员辽阔的国家,存在各种习俗、宗教信仰和文化水平,该原则是不切实际的"。这些务实的通融是必要的,以便让澳大利亚和印度能够承担该公约规定的其他义务。有时,对条约的保留不止于此。沙特阿拉伯对《消除对妇女一切形式歧视公约》的保留规定如下:"在公约的任何条款与伊斯兰法的规范之间发生抵触的情况下,沙特阿拉伯王国没有义务遵守公约的此类条款",这简直是一手遮天。

一些条约明确允许对其中的某些规定做出保留,或禁止对其做出保留。如果没有这种明文规定,则只能做出与条约目的及宗旨相符的保留;即便如此,另外一个缔约国也可以选择接受

该项保留（在这种情况下，经该项保留修订的条约适用于该国与保留国之间的关系），或者完全拒绝接受该条约在本国与保留国之间生效，或允许条约生效，但不包括与保留相关的条款，该国与保留国实际上未能就这些条款达成一致。

这些涉及保留的效力，与条约的缔结、效力、解释和终止有
关的其他事项一样，也受1969年《维也纳条约法公约》规定的法 32
律原则的约束。该公约是国际法委员会起草的众多公约之一，其目的是将习惯国际法编纂成文，或填补习惯国际法缺失或不明确造成的重要空白。

有些条约立即生效；其他一些条约只有在批准后才生效，或者只有在一定数量的国家批准后才生效，该数量被认为是新的条约制度具备可行性和有效性的最低要求。在有些国家，例如美国，批准条约需要得到立法机关的同意，这可能导致负责条约谈判的政府面临难题。美国国会拒绝批准卡特政府与苏联于1979年谈判达成的《削减战略武器条约》；美国国会反对1948年《哈瓦那宪章》，实际上阻止了成立世界性贸易组织的首次尝试，尽管美国后来成为一系列协定的主要设计者之一，基于这些协定最终于1994年成立了世界贸易组织。

有些人认为，一国政府谈判达成了条约，却遭到国内反对，这表明反对者思想狭隘、不愿意与国际社会一起努力解决全球问题。其他人则认为，要求获得国会同意之类的规定，是任何民主宪法的基本要素。毕竟，既然规定居民养狗需要获得许可证这类事项都须立法机关积极配合，而且要充分履行繁琐的立法程序，为什么政府能够不经过议会或同类机构批准就决定与外国达成关税安排或结成军事同盟？哪件事对公民的影响更大？

可以通过多种方式避免此类难题。在某些国家，批准条约需要立法机关事先同意；在其他国家，例如英国，政府有权自行
33 缔结条约，不需要立法机关的任何事先同意。但相反的情况是，目前存在一种趋势（确切的立场取决于各国的宪法）：那些需要立法机关事先同意才能缔约的国家，会在本国法律体系内和法庭审判时赋予条约法律效力，而那些不需要事先同意即可缔约的国家，往往会拒绝赋予条约此类效力，除非已经通过立法使条约成为本国法律。因此，英国政府缔结的条约作为国际法对英国具有法律约束力，但对于英格兰法或苏格兰法以及英格兰法院或苏格兰法院而言，条约并不是适用的法律渊源，除非根据议会立法已纳入英格兰法或苏格兰法。结果是在实践中，如果一项条约要求对英格兰法进行某些改变，英国政府就不会批准该条约，除非已经通过议会行动做出了改变。因此，即使在英国的制度中，条约的缔结也受到一定程度的民主控制。

联合国和其他国际组织的决议

在讨论国家地位时，我提到了联合国大会的多项决议，好像这些决议是法律的权威性说明。大多数国际法学者都认为，这样的引用相当不严谨。严格来说，联合国和其他国际组织的决议不能构成国际法。但是，认为这些决议没有任何法律意义，也是错误的看法。

一项决议可能会确认或重申已确立的国际法规则，在这种情况下，可以将这项决议视为国际法规则的适当表达。联合国大会第2625（XXV）号决议——1970年通过的重要文件《关于各国依联合国宪章建立友好关系及合作之国际法原则之宣

言》——就是一个例子。这是冷战时期各方在联合国内部长期 34
艰难谈判的成果，目的是阐明各国均认可的关于国家间关系的国际法基本原则。因此，人们普遍认为，这份宣言是习惯国际法的权威性表述。

某个机构可能会用一项决议来解释其会员国如何解读该机构宪章的条款。例如，联合国大会第1514号和1541号决议被视为对《联合国宪章》中有关自决权规定的权威解释。

有时，国际组织的机关有权做出对会员国有约束力的决定。欧盟在这方面拥有广泛的权力，超过任何其他组织。但是在国际（而不是地区）层面上，众所周知的例子是联合国安全理事会。安全理事会有权对国际和平与安全是否受到破坏或威胁做出具有约束力的决定，并且可以命令各国采取措施应对此类情况。这些措施可能包括切断经济或交通联系以及其他制裁措施，而且根据《联合国宪章》第七章，如果认为有必要，可以在无限范围内采取措施，包括使用武力。安全理事会五个常任理事国（中国、法国、俄罗斯、英国、美国）均拥有否决权，这确保了安全理事会很少运用命令各国采取行动的权力。俄罗斯和美国是使用否决权最频繁的两个国家；在以色列/巴勒斯坦问题上否决权使用得最多。

其他组织有权在自己的权限范围内采取措施。例如，国际海事组织（IMO）有权批准繁忙国际水道的分道通航制，如多佛
尔海峡。 35

除了上述情况，国际组织的决议通常几乎没有或根本没有法律约束力。此类决议可以表达会员国（至少是必要多数会员国）对特定问题的看法，这些看法可能具有相当大的政治影响

力，但这些看法本身不会改变法律地位或对会员国具有约束力。

其他规则和标准

规范国际关系行为的主要规则，体现在习惯国际法中，而且日益体现在各项条约中。但是主要规则并不能代表所有规则。法律可能（而且确实）指出各国有义务防止海洋污染，但这项规定意味着什么？当然要禁止海上石油钻井平台大规模井喷，但是船舶在正常航行过程中的常规漏油或在海上用水清洗空油舱该怎么处理？向港口水域排放1 000升油的处理方式是否与在整个环球航行过程中排放1 000升油的处理方式相同？为了具体实施法律中规定的宽泛原则，总是有必要制定详细的技术规则和标准。

这并不像听起来那么乏味。由于需要此类技术规范，所以政府官员会就某项法律制度的基本原则进行谈判，但具体的执行措施通常是由工商业团体或科学团体制定，或者是借鉴自这些团体。例如，某项条约可能要求一国在其具有管辖权的某些活动中应用“行业典范做法”；而典范做法可能是由工程师协会参与制定的。规则和标准并不一定是狭义上的技术性问题。人
36 权、环境保护领域有一些活跃的非政府组织，它们为细化和确立“酷刑”和“有毒废弃物”之类的概念做了很多工作，并反对某些政府和公司通过重新定义犯罪来保持活动合法性的倾向。

这意味着国际法制定过程会受到“公民社会”的影响，“公民社会”是一个不太严谨的概念，大致是指能够表达某种集体意见的任何社会志愿团体。此外，随着技术和社会期望的发展，人们可以很容易地更改这些标准，这样就无需通过谈判达成全

新的条约。有很多国际组织，有些是政府组织，有些是非政府组织，都以这种方式制定和修订技术标准，从而创建详细的规则和标准，为表述笼统的法律规则赋予确切的含义，并且更精确地说明了应该如何遵守这些法律规则。

到哪里去找国际法文献

相关教科书对国际法的各种渊源进行了提炼总结，例如经典的《奥本海国际法》《国际公法百科全书》以及其他语言的类似著作。更重要的是，因为每个国家都有遵守国际法的义务，这就要求其法院、警察和武装部队、公共管理机构等国家机关和机构的行动必须遵守该国根据国际法承担的义务，所以许多国家也会出版适用于该国的国际法内容。因此，《霍尔斯伯里英国判例法大全》有一卷的内容是“国际关系法”，阐明了英国最常见的一些国际法问题的相关规定，例如外国的豁免权和外交官的豁免权，国家根据国际法可以行使的管辖权范围，以及国际组织的权利和义务。 37

在互联网上可以找到很多相关材料。许多国际组织和非政府组织都有网站，这些网站不仅列出了有关特定主题的主要法律文书，而且还包括对法律的详细讨论（虽然有时不无偏颇）。 38

第三章

实施国际法

国际法的实施方式多种多样（“实施”的表述比“执行”更有助于理解）。最常见的实施方式是政府官员和其他人在日常工作中遵循国际法规则。但有时其实施方式会更正式，更显而易见。

国际法在国内法院的实施

往往通过国内立法使国际法规则在国内有效力。例如，在英国，《1964年外交特权法》使英国根据1961年《维也纳外交关系公约》承担的关于外交豁免的义务生效；而《1978年国家豁免法》使国家豁免规则生效，这是基于英国对习惯国际法中相关规则的认识，后来国家豁免规则才被写入2004年《联合国国家及其财产管辖豁免公约》。

在英国，法院可以直接适用习惯国际法规则，但是条约规定的权利和义务，只有通过立法将其纳入国内法后才能适用。相反，在美国，法院不仅可以适用习惯国际法规则，而且《宪法》规

定，国会批准的条约相当于国会制定的法律。正如上文指出的 39
那样，是否有必要通过国内立法在一国的法律体系内实施习惯国际法或条约，由各国宪法规定。如果需要国内立法来实施国际法，法院将参考国内法规，而不是国际法：即便是某些参与审判的人，也可能不知道适用的法规中所体现的国际法。

人们有时会认为，如果所有国家的法院都适用国际法，并且在国际法与国内法抵触时，优先适用国际法，那么世界将会变得更加美好。他们期望的是，违反人权法的政府行为，违反国际法的战争行为，或违反联合国制裁的贸易活动，诸如此类的活动，各国法院可以判定其违法，与大多数国际法院不同，个人可以直接向本国法院提起诉讼。但这样适用国际法不一定可取。

所有政治体制都建立在人的尺度上。议会的会议有一定规模，会期也有一定时间范围，以便进行有效的交流。政府将职责下放到可以维持有效政治行动和控制的层级。而且，至少在那些标榜民主的国家，会通过机制化的安排，使选民能够与其代表对话，以确保民意代表承担政治责任。因此，如果民众认为应该修改一部特定的法律，那么他们可以施加压力，而立法机关可以采取适当的行动。民众对法院适用的法律有一定的控制权；这可以使法律符合各个国家的传统和国情。这种政治控制是无法在全球层面实现的。公民不可能真正控制习惯国际法或条约的
制定。在本国法院直接和自动适用国际法的所有规则，容易与 40
各国内部的民主政府体制抵牾。

需要明白的一点是，国际会议和国际组织从本质上讲不过是各国政府官员及其代表和雇员的聚会。国际决策者的职责可能是全球性的，但是他们的生活和职业生涯（长期担任国际组

织骨干的国际公务员可能属于例外）是本地的，根植于自己的祖国。正如官员在本国政府任职时可能做出错误的决定，他们在联合国任职时也可能做出错误的决定。他们同样需要法院制度来维护法治。但是，承担政治责任的全球性机构是不切实际的，这意味着不能在国际层面设立有效的司法审查制度。最好使用国际法的论点（即使国际法不会自动优先于本国法律）在本国法庭上与糟糕的政策作斗争，而不是把诉状寄到国际组织的邮箱。所有真正的政治斗争归根结底都是地方性斗争。

守法与抗议

如果某国违反一项国际法规则，会有怎样的后果？首先要指出的是，通常并不能完全确定某国何时违反了国际法。实际上，各国在按照既定规则行事方面具有显著的一致性，就像人们通常根据本国法律行事一样。正如人们自愿排队并维持排队秩序，各国即使并未负有法律规定的义务或受到胁迫，往往也会遵守国际法。但是，即使某国似乎确实违反了国际法，通常情况
41 下，它仍然认为自己有权采取该行动，这时面临争议的是国际法要求怎么做，而非国际法的要求是否得到遵守。2003年，英国和美国入侵伊拉克，这被广泛认为不符合国际法。但是，毫无疑问，英美两国政府中有许多人（或放任自己）相信可以为入侵找到法律依据。

其次要指出的是，绝大多数国际分歧是通过交流解决的。如果某个国家被认为违反了其国际义务，下列各种交流都有助于弄清楚该国的立场，这样其他国家就能够决定是否需要采取进一步的行动：在联合国和国际货币基金组织这类组织中的多

边讨论；争端当事国之间的双边谈判；阐明本国意愿和看法的一系列单方面讲话和新闻稿。如果确实需要采取行动，各国可以使用各种各样的手段。

人们普遍认为，在国内法体系中，违法犯罪者会遭到警察追捕，受到审判和惩罚，但与之相反的是，在国际法方面，如果某国选择不履行其法律义务，却不会有什么后果。这种观点是错误的。国内法的执行并不系统、彻底。就刑法而言，大多数估算表明，只有不到一半的犯罪事件被报案；在被报案的所有犯罪案件中，警方发现了嫌疑人的案件仅占少数。更重要的是，很多违反刑法的行为，包括家庭暴力，毒品犯罪、道路交通犯罪等所谓的“无被害人犯罪”，以及在商店和用人单位发生的大量小偷小摸行为，根本就未被视为犯罪，因而这类行为甚至都未被列入“未报案”的犯罪事件统计。所有这些关注的都只是刑法。如果将诸如侵害、诽谤、违反合同和过失之类的民事过错行为也列入清单，那么违反法律义务的行为数量会高得惊人。 42

并非任何违反法律的行为都应遭到起诉。还有更多重要的优先事项需要花费公款。必要时有法可依，可依法防止特定社区的违法行为达到不可接受的水平，并防止引人注目的犯罪案件作案人不受惩处，这就足够了。的确，即使提起了刑事诉讼，法院日益常见的判决是要求被告参加一些矫正活动，例如参加有关“超速驾驶警示”的培训班，而不是处罚。

国际法也不例外。人们既不期望也无意要求违反国际法的任何行为都受到国际法的追究。人们愿意容忍许多轻微的违法行为，认为这些行为是人性的弱点所致，或者认为不值得去追究。某支部队在偏远的森林地区无意中越过边境线几米，或某国轻微违反了世界贸易组织关于补贴本国国内生产者的规则，可能会被忽略，因为此类行为不会造成实质性损害，而且并没有挑战基本规则。如果甲国认为乙国违反国际法的行为具有挑衅性，例如乙国军机故意飞越有争议的领土，甲国可能会提出外交抗议。《萨道义外交实践指南》等著作阐述了国际外交的细致之处，这在外交界众所周知，因而外交文书所选择的辞令、形式、作者和收件人，能够相当准确地表明抗议背后的愤怒或批评的程度。

抗议绝非无足轻重，因为某国的不满或两国之间关系的转冷并非无足轻重的事情。一个国家可以通过许多方式为其他国家及其国民提供便利，虽然该国并不负有一定要这样做的法定义务。修改签证要求，包括调整获得签证的程序，改变其难度和费用；政府合同的授予；批准或不批准他国飞机飞越本国领空：

43 可能采取的措施范围很广，实施此类措施确实会让目标国承受巨大的代价。在不违反任何法律义务的前提下实行不友好的措施以及取消友好的让步，这被称为“反报”行为。但是国家之间可能会采取进一步的举措。

国际法的一项原则是，一国受到另一国的不法行为损害时，受害国有权暂停履行自己对不法行为国的某些义务，以促使不法行为国重新履行其义务。中止履行法律义务的这种行为被称为反措施。反措施本身在某种意义上必然是违反国际法的行为（而反报措施不是）；但是，由于反措施是针对先前实施了不法行为的另一国，这使反措施具有了正当性与合法性，因此是合法的。反措施必须与受到的损害相当，并且不得违反国际法关于保护人权和使用武力的规则。例如，反措施可能包括禁止履行与目标国签订的合同或进行其他商业交易；有时反措施被有意识地组织成整套的“制裁制度”，意在向目标国施加压力，迫使其改变行为方式。

制裁并不总是针对国家。涉嫌与国际恐怖组织有关联的个人和公司也会成为制裁的目标。从第1267（1999）号决议开始，根据联合国安理会一系列决议对“基地组织和塔利班”实施的制裁遭到了一些批评。根据联合国各个会员国的报告，联合国安理会的一个制裁委员会将相关个人列入名单，而这些报告仅向受影响的人士提供非常粗略的理由简述，并且这些报告可能主要依靠未经验证的指控。凡是被列入名单的人员，各国均有 44
义务对其实施制裁。受影响的个人不能在联合国体系内对相关制裁提出质疑，但可以在制裁实施国的国内法院对制裁提出质疑；但是，各国政府和法院极有可能以联合国的权威为借口，表示它们别无选择，只能实施制裁。这是一个很好的例子，显示了国际法与国内法之间的关系可能引起的问题。

有时争端严重，颇为棘手，无法通过讨论、表达不满和反对来解决。那么各国可以选择如何对待争端，就像个人在面临纠纷时所做的那样。如果围绕邻居的花园篱笆或吵闹聚会产生了纠纷，可以提起诉讼，或者让纠纷继续酝酿，偶尔采取反报行为，例如夜间使用电动割草机，以期邻居能够及时变得更通情达理。既有法律渠道，也有法律以外的渠道；而被冒犯的个人将决定哪种方法可能更有效、更划算。

国家也是如此。1979年，在伊朗伊斯兰革命期间，激进的学生在德黑兰的美国大使馆大院里将美国外交官及其家人扣留为人质，长达十几个月。美国实施了一次营救人质的军事行动，但

半途而废，之后美国将此事诉诸国际法院。最终国际法院做出
一项判决，明确维护美国国民的权利。美国还采取了反报行动，
使美国与伊朗双边贸易额急剧下降，并冻结了伊朗在美国银行
中的120亿美元资产作为反措施，国际法院的判决为争端的解决
铺平了道路。该争端由阿尔及利亚从中调解，包括设立一个国
际法庭——伊朗-美国求偿法庭，该法庭仍然设在海牙——以审
45 理和解决一国国民对另一国政府以及两国之间的索赔案件。这
场争端的解决过程涉及许多环节：一次遭遇失败的自救行动、反
报、反措施、诉讼、仲裁、调解。这件事说明了各国处理国际法争
端时可以采取各种举措。

国家责任

传统的国际法理论关注国家之间的关系，将国家视为其国民的捍卫者。正如常设国际法院（国际法院的前身）在马夫罗马蒂斯案中所说的，

> 国际法的一项基本原则是，当一国的国民因为另一国违反国际法的行为受到损害时，如果其国民无法通过平常的渠道获得赔偿，该国有权保护其国民。一国为其国民出面，代表他诉诸外交行动或国际司法诉讼，事实上就是在维护该国自身的权利，即以其国民的名义确保国际法规则得到尊重。

就此可以得出另一个相似的观点。正如国家可以捍卫其国民（无论是个人，还是法人，例如公司）的权利，因为违反国际法

对一个国民造成的损害可能构成对其国家的侵害，同理某个个人或公司的行为可能相当于一国的行为。将行为归于国家，是国家责任规则所关注的问题。

当个人或公司的行为属于行使该国的立法、行政、司法或其他“政府”职能时，则其行为可归于该国。根据主权和自决原则，每个国家都有权选择本国的政府组织形式，因此所有层级、所有名称的政府，无论是全国政府、地区政府，还是省政府、地方 46
政府，都被视为该国政府的一部分。

政府的所有行为显然都是“国家”行为，而从原则上讲，私人的行为则不是。因此，例如，如果我被某国的警察或移民官员殴打，则该国应对上述行为负责；但是，如果殴打我的是普通公民（例如，闹事的足球队球迷），则该国对该行为不承担责任——然而如果该国事先知道会发生骚乱，并且知道相关人员和财产面临特定风险，却未能采取合理的措施提供保护，则该国可能要对该失职承担国际责任。

一个国家对“政府”机构的行为所承担的责任通常很明确。但是在有些情况下难以确定。正规警察的行为显然可归责于国家，但受聘看守囚犯或守护公共交通设施、私人银行的保安人员呢？国家法院显然是国家机关，但在该国国内运行的行业惩戒机构或宗教法院是不是？一位邮递员或医生是由国家雇用还是由私人公司雇用？或者一家石油公司是否全部或部分为国家所有？这些问题与它们的行为可否归于国家有关吗？习惯国际法规则解决了此类问题，如上文所述，国际法委员会在其2001年的《国家对国际不法行为的责任条款》中重申了这些规则。

裁决国际法争端

国际争端的解决始于商谈，通常是通过有关国家的外交部或外交使团进行，但有时是通过其他适当的政府部门或机构。商谈可能会解决争端；但无论如何，只有通过商谈，才能准确地

47 确定争端所在。

国内法院

如果商谈未能解决争端，则可以提起诉讼要求法院做出判决。通常首先向国内法院提起诉讼。例如，西班牙法庭指控皮诺切特将军在担任智利国家元首期间犯下罪行，要求将他从英国伦敦引渡到西班牙。有一个问题存在争议，即他是否有权以前国家元首的身份获得豁免。英国法院围绕该问题进行了审理，该案最初向伦敦大都会领薪治安法官申请逮捕令，后通过上诉法院进入上议院审理。在案件审理过程中，这些法院对国际法关于国家元首豁免权的规则进行了全面而详细的讨论。这些法院的最终裁决是：对于被指控罪行当中的数项，皮诺切特不享有豁免权，但英国内政大臣最终以其健康状况不佳为由将其释放。如果西班牙或智利希望对英国法院或内政大臣的裁决提出异议，则原则上可以将该问题进一步提交给一家国际性法院或法庭。

国际性法院和法庭

我说“原则上”是因为，与各国法院不同，国际性法院没有强制性管辖权。只有当一个国家同意接受国际性法院或法庭的

管辖权，该国才有义务出庭。

这种限制对国际性法院和法庭管辖权构成了非常大的制约；但不应夸大这种限制。各国可以而且确实以各种方式同意接受国际性法院的管辖。因此，根据《国际法院规约》，一国可以签署协议，在做出类似声明的另一国可能对其提起任何法律诉讼时，接受国际法院的管辖权。不到联合国会员国总数三分
之一的国家做出了这种声明，其中许多国家都附加了例外（即 48
“保留”）条件。更普遍的情况是，各国通过遵守条约接受国际法院的管辖权。条约中包括的条款规定，缔约国有权将因条约引起的与另一缔约国发生的争端，提交国际性法院或法庭解决。例如，有146个缔约国的1948年《防止及惩治灭绝种族罪公约》规定，任何缔约国均可向国际法院提交与《公约》的解释、适用或履行有关的任何争端，包括国家对灭绝种族罪的责任问题。

严格说来，国际法院是联合国的主要司法机关，正如常设国际法院是国际联盟的主要司法机关。常设国际法院和国际法院有时统称为“国际法院”或“世界法院”。国际法院位于荷兰海牙和平宫（见图5），和平宫建于国际联盟成立之前，旨在为1899年海牙《和平解决国际争端公约》规定的特定仲裁庭提供工作场所。根据该公约成立的常设仲裁法院组织实施了许多此类仲
裁，该法院仍然在和平宫办公。国际法院不是历史最悠久的司 49
法论坛。

国际法院对其他法庭也没有任何正式管辖权。有些独立的争端解决制度，例如世界贸易组织的相关制度，内部设有上诉庭，但在国际法领域，没有国际法庭或上诉制度的一般等级制度，尽管在实践中，大多数其他法庭相当尊重国际法院的裁决。

图5　海牙和平宫。其外观与迪士尼乐园相似，这纯属偶然

大多数国际法案件也不是国际法院审理的。实际上，适用国际法规则审理的所有案件中，只有非常小的一部分被提交至国际法院。

后面一点特别重要。大多数适用国际法的案件都在国内法院和法庭审理。一个特别常见的例子是关于申请庇护和难民身份的案件：主要负责裁定英国是否履行了相关国际法义务的是该国的庇护和移民法庭，英国承担这些义务是因为该国及其他144个国家批准了1951年《关于难民地位的公约》（可以用一个小时左右在互联网上查看哪些国家尚未批准该条约以及保障基本人权的其他条约，这样消磨时间既有趣又增长知识）。国际法往往在各国法院适用的国内法表面之下发挥作用。

此外，还有许多国际性法院和法庭，并且它们的数量正在增长。这些法院和法庭几乎都只有有限的专门管辖权，仅限于特定事务，如人权事务（欧洲人权法院、美洲人权法院以及非洲人权与民族权利法院）、经济和贸易事务（例如安第斯共同体、加勒比共同体、欧洲联盟、南方共同市场、南部非洲发展共同体等 50
区域经济共同体的法院）、海洋法（国际海洋法法庭）、刑法（例如国际刑事法院以及为审理发生在前南斯拉夫、卢旺达、塞拉利昂和柬埔寨的战争罪和危害人类罪而成立的特设法庭）、体育（体育仲裁法庭）和知识产权（世界知识产权组织设立的仲裁庭）。此外，有许多仲裁庭是为了解决国际争端而根据具体情况通过协议设立的。

这些专门法庭处理的案件数量远远超过国际法院。例如，2013年，欧洲人权法院收到近6.6万份申诉书，处理了超过9.3万个案件，其中绝大多数被宣布为不予受理，但在2014年积压的案件仍有10万件左右（其中一半以上针对俄罗斯、意大利、乌克兰或塞尔维亚）。自1995年建立世贸组织争端解决机制以来，已受理近500宗争端，涉及农业补贴，含激素牛肉的贸易限制，以及中国鞋类出口等问题。

国际法庭根据其与各国和个人的关系可以分为两大类。欧洲人权法院和世界贸易组织——分别是每个类别的典型代表——都处理对个人有直接意义的案件，但是两者的处理方式却截然不同。在《欧洲人权公约》的缔约国，个人如果在国内法院未能得到法律救济，他们提起的诉讼则由位于斯特拉斯堡的欧洲人权法院处理。这些人以自己的名义向欧洲人权法院提起诉讼，他们在诉讼中有主动权，例如决定是继续进行诉讼，还是和解或中止诉讼。他们寻求维护受《欧洲人权公约》保护的权 51
利，例如获得公正审判的权利和言论自由的权利。

另一方面，在世界贸易组织体系中，只有国家（以及欧盟，因为在世界贸易组织的贸易事务方面，欧盟代表其成员国行使权利）能够成为诉讼当事方。例如，欧盟限制进口含有人造激素的肉类，而起诉该行为的是美国而不是美国农民。但是欧洲人权法院和世界贸易组织处理的争端在本质上并没有很大的不同。美国是在回应农民对其政府施加的压力，而美国政府则通过世界贸易组织维护农民的利益。尽管农民没有向欧盟出口牛肉的个人权利，但世界贸易组织诉讼程序的实际结果，与农民通过某种诉讼程序维护自己权利时得到的结果会基本相同。

欧洲人权法院就是“混合法庭”或“国家/非国家行为体法庭”的一个例子，此外还有世界其他地区的人权法庭，根据双边投资条约设立的负责裁决投资者与东道国之间争端的数百个特设法庭，以及伊朗-美国求偿法庭，也就是说，在此类法庭中，个人或公司有权针对某国提起诉讼并作为当事方出庭，要求追究该国的行为责任，但仅限于法庭的管辖范围之内，并与被告国具有平等的地位。另一方面，与国际法院一样，世界贸易组织争端解决机构是一个国家间机构：个人和公司无权启用该机构的诉讼程序，也不能使个人或公司成为该机构诉讼程序中的被告。

尽管更早之前就有解决国际争端的正式程序，例如根据
52 1794年《杰伊条约》设立的程序，以解决美国和英国之间关于美国独立战争期间产生的债务和边界争端，但人们通常认为国际性法院的现代传统始于1871年在日内瓦成立的法庭，以解决关于“阿拉巴马”号的索赔。这是美国对英国提出的赔偿要求，要求后者赔偿美国南北战争期间邦联军舰“阿拉巴马”号对联邦船舶造成的损害，该舰在英国伯肯黑德建造，并提供给邦联，英

国此举违反了其作为中立国根据国际法承担的义务。“阿拉巴马”号共捕获或击沉了与联邦进行贸易的65艘商船，该舰最终于1864年在法国瑟堡外海被击沉。

在“阿拉巴马”号索赔案之后一百年里设立的国际性法院和法庭中，最重要的都是国家间机构。某国的个人或公司因外国违反国际法而蒙受损失，受害人的国家负责就此事进行谈判或向国际法庭起诉。但是，在国际法庭的设立方面，最新趋势是朝着混合法庭模式发展。出现这种趋势的原因有很多。

首先，政府不愿将稀缺的公共资源用于维护个人或公司的特定权利，也不愿由于提起诉讼使其与被诉国的关系复杂化。

其次，随着国际协议规范的事项范围不断扩大，特别是涉及商业和工业活动的领域，国际法规则日益直接涉及个人和公司的权利和义务，而非国家的权利和义务。例如，长期以来，各国有义务至少以最低限度的公平标准对待外国公司；但自20世纪60年代以来，各国缔结的双边投资条约达数百项，赋予外国投资者享有公平公正待遇的权利，免遭歧视的权利，以及财产免于被 53
征用的权利，等等；根据大多数双边投资条约，如果投资者认为自己的权利受到侵犯，他们有权向国际仲裁法庭提起针对东道国的诉讼。

国际法庭正从国家间模式转变为混合模式，为了适应这种转变，东道国有必要确保本国法律确实保障根据双边投资条约赋予的权利，并且公司的高级职员及其顾问有必要了解双边投资条约规定的投资者权利。因此，混合法庭与人们所说的国际法本土化或国内化并驾齐驱。这种观点认为，国际法的规则和原则不仅是各国政府关心的问题，而且与个人和公司的决定和行为直接密切相关。因此，区域性人权法院、国际投资法庭以及（在某个稍微不同的层面上，由于欧洲共同体和欧洲联盟声称欧盟法律是与国内法和国际法不同的一种法律制度，而且在其适用的范围内优先于国内法和国际法）欧洲法院现在具有重要意义。

在各种国际刑事法庭上，有些个人也非常引人注目地与国际法产生关联。联合国安理会针对前南斯拉夫问题和卢旺达问题成立了特设国际法庭，重新提出了这种构想：被控犯有战争罪和危害人类罪的人，应追究其法律责任。与这种构想形成鲜明对比的是，有些人犯下此等罪行，可能不会受到惩处，因为他们会离开本国（经常是带着其国家财富当中的很大一部分），前往一个愿意接纳他们的外国；而倡导这种构想的人努力表明，此类法庭不是“胜利者的裁判”的实例，因为有些人声称第二次世界大战后在纽伦堡和东京成立的战争罪法庭只是“胜利者的
54 裁判”。

第二次世界大战后成立审判战争罪的法庭，是一项关键举措，旨在终结这种悖论：那些权力最大而且对战争罪负有领导责任的政客和军人并未因其罪行而受到审判，更不用说受到惩罚了。但是惩罚只是这些法庭的功能之一。可以说，更重要的是它们在竭力发现和记录真相方面的作用。直面过去仍然是决定将案件移交国际刑事法庭时考虑的一个重要因素。

根据1998年《罗马规约》设立的国际刑事法院使特设国际刑事法庭得到增强。国际刑事法院具有补充性管辖权，如果有人被控在《罗马规约》缔约国领土上犯有一项规约列明的战争罪或危害人类罪，或被告人的国籍国是《罗马规约》缔约国，则

国际刑事法院可以起诉此人，但前提是相关缔约国刑事司法机构并未真诚地追究所指控的罪行。还存在混合法庭，例如塞拉利昂问题特别法庭和柬埔寨法院特别法庭，这些法庭实质上是引入了国际因素的国内法庭，以便在审理严重的且政治性很强的犯罪时提供一定的国际监督和客观性。

尽管国际法与个人之间的关系日益密切，但是国际法特别关注的仍然是各个国家。第四章至第七章将探讨国际法原则定义国际关系结构的一些方式。 55

第四章

不受外来干涉

人们往往对法律有两种期待：一是让他人别来打扰自己，使自己能够根据自己的选择过自由的生活；二是迫使他人去做有益于公共利益之事。这两项职能并不相互排斥，对应着各国一起实现共同目标的两种方式：一种是通过分散化临时安排来满足特定需求，另一种是通过建立预先计划好的制度和流程来组织各国追求约定的目标。

国际法支持这两种方式。第四章和第五章讨论国际法如何巩固、确保各国的自由；第六章和第七章讨论各国如何利用国际法的机制来组织各个领域的国际活动。

这绝不是审视国际法的唯一方式。叙述国际法时，可以强调其原则如何被用来支持殖民主义及后续的商业帝国主义，或者强调其原则在很大程度上来源于以欧洲为中心的法律和政治概念，或者强调其原则体现了男性主导的社会或西方阶级结构。
56 我并不认为本书采用的分析视角比任何其他视角都更深刻（更谈不上真实性或准确性更强）。哪种视角最佳，取决于读者想了解什么内容；而我认为，大多数读者希望与他们在英语新闻媒体和国际关系等相关学科学者的著作中听到和阅读的内容保持一致，从而增强对国际法的理解。如今媒体关注的焦点是法律在控制国际暴力方面的作用，以及法律如何确保各方合作以应对当前的重大国际问题。

用剧院售票处的行话讲，请注意本书“部分视线受阻”，接下来在本章中，我要从如下方面探讨如何保证国家主权平等、独立，以及实现这种平等和独立所需要的自由：不受外来干涉，尤其是不受其他国家的暴力胁迫。

在国际关系中禁止使用武力

不受外来胁迫，一直是国际法的长期主题。在国际法理论苏联学派学者（如格里戈里·通金）的著作中，这一点尤为突出。通金认为，国家间和平共处是国际法制度的根本价值和宗旨。外国有不干涉别国事务的法律义务，该义务有助于加强关于人民意志至高无上这个更正面的表述：两者都支持的观点是，必须让每个国家都自由地追求自己选择的目标。如果全球革命的目标不现实，那么至少各个国家的革命可以得到保护；对于非革命国家，则可以让它们继续坚持保守的道路。这就是他的理论。这是冷战期间有助于维持和平的公理之一。 57

尽管现在很少直接提到和平共处的原则，但各国有权在不受他国干预和胁迫的情况下和平地做自己的事，这个基本概念仍然是国际法的核心。当代国际法最明确的原则之一，是各国不能随心所欲地相互使用武力或威胁使用武力，或干涉彼此事务。例如，这就在一定程度上解释了为什么西方国家愿意对伊拉克的恐怖组织采取行动，它们是应伊拉克政府的邀请而采取行动，但西方国家却很不愿意在叙利亚采取此类行动，它们没有收到叙利亚政府的邀请。

一国对他国诉诸武力的权利至少受到某些行为准则的限制，这种观点历史久远，并且在许多文化甚至所有文化中都有体现。确实，讨论在国际关系中使用武力的权利，而不是使用武力的事实，就必然暗示着使用武力受到规则的限制。那么就产生了三组问题：在什么情况下可以使用武力？可以使用哪些武器和发动战争的方法？谁有权使用武力？

传统上，与战争有关的国际法规则分为两部分：*jus in bello*（也称作国际人道法，又称“战争法”）规定了诸如禁止使用某些武器和对其他国家遂行战争的方式等事项；*jus ad bellum*（诉诸战争的权利）限定了哪些情况下国家有权使用合法方法遂行战争，也就是对战争权的限制。

在规则约束下战斗：战争法

关于武力使用的最早规则注重限定哪些是遂行战争的适当方式。无端地使用暴力，不是出于军事目的，或造成不必要的痛
58 苦，即是道德沦丧。显然应从基本道德的角度禁止上述行为，即使在有些情况下根本没有明确的规则规定何时可以使用武力。

在某些最古老的法律文献中，都存在关于某些战斗方式的禁令。例如，2 000年前的印度《法论》文本禁止使用有毒武器和杀死已经投降的人；类似的规则也出现在《圣经·申命记》的法典中。长期以来，各国之间已经达成了明确的协议，限定了可以适当使用的武力手段：1868年的《圣彼得堡宣言》就是一例，

其缔约国放弃使用小型爆炸弹，这种爆炸弹会伤害但不会杀死敌人，被认为会造成不必要的痛苦。这种禁止某些武器和作战方法的传统一直持续到今天，对生物和化学武器及杀伤人员地雷的禁令，体现了国际社会对新型武器的回应，此类武器创造者对人类福祉的贡献，就是发明更加肆意致人死伤的方式。

法律禁止某些武器（例如毒气），而似乎批准了其他杀伤手段，有时人们觉得这样很奇怪。对于奉行绝对和平主义的人来说，这一立场确实是不合理的。但是，对于大多数人而言这种立场并不奇怪，他们愿意接受至少在某些情况下使用可能致命的武力，以保护重要利益或价值观念，这就好比允许警察审问嫌犯，同时禁止警察使用酷刑。战争法规则在本质上承认我们与敌人都拥有共同的人性。尽管我们可能最终还是准备杀人以阻止他们做某些事情，但我们杀害的是人类同胞。不论我们的事业多么正当，使用不必要的暴力永远是不合理的。几乎没有谁 59
能比军官更强烈地体会到这一点的重要性，毕竟是由他们负责判定关于使用武力的特定建议是否合理。

亨利·杜南（一位颇有争议的瑞士商人，后来因其人道主义工作而获得第一届诺贝尔和平奖）和四位同事于1863年成立了红十字国际委员会（ICRC），该组织自成立至今一直在推动人道法事业。红十字国际委员会曾于1917年获得诺贝尔和平奖，该组织做出了许多努力，推动制定限制战争暴行的规则并确保其实施，最早是1864年的《改善战地武装部队伤者病者境遇之日内瓦公约》，再到现行（1949年）版本的《日内瓦公约》及其附加议定书。

对于战时可以使用的武器和战术，有许多公认的限制。很多限制出自1949年的四个《日内瓦公约》，而1977年的两个《附加议定书》分别适用于国际性武装冲突和非国际性（国内）武装冲突。（2005年通过的第三个附加议定书将“红水晶”作为国际标志，用于标识受保护的人和物，与已有的红十字和红新月标志并列使用。）四个《日内瓦公约》还就诸如战俘待遇以及占领外国领土的国家的权利和义务等事项确立了规则。例如，其中关于占领国的规定，以及1907年海牙《陆战法规和惯例公约》的规定，适用于以色列对约旦河西岸和加沙地带的巴勒斯坦被占领土的占领。

在人道法的一些问题上，各国有不同意见。例如，有些国家
60 反对禁止集束弹药的举措，这些弹药爆炸后释放许多小炸弹，旨在杀死人员或摧毁军事装备。这些弹药以及地雷是造成冲突后伤害和死亡的一个主要原因，因为军队很少完全清除此类“战争遗留爆炸物”（用1980年《特定常规武器公约》第五议定书的措辞）。这些爆炸物散落在各个地方，可能被儿童或其他平民捡起或意外引爆。使用这种弹药带来的风险非常明显；但是如果支持全面禁止这种弹药，将要求一国决定，无论军事形势多么危急，或无论该国多么有诚意地承诺会在冲突后清理战场，都决不能合理地使用这种弹药。由此我们可以理解有些国家反对彻底禁止这种弹药的理由，即使我们不认可这种理由。当然，这些反对者是最有可能使用这种武器的国家。

各国之间关于国际人道法的最臭名昭著的意见分歧，涉及美国总统乔治·布什政府所称的“反恐战争”——美国采用这一名称更多地是出于公共关系的考虑，而不是事实——中被捕人员的待遇。他们数量众多，不是任何正规军的成员，被归类为

“非法战斗人员”，未经审判就被关押在美国设在关塔那摩湾的拘留营中，该拘留营位于美国从古巴租借的土地上。他们中许多人甚至没有被指控犯有任何刑事罪行，更不用说被判决犯有任何此类罪行。他们被剥夺了《日内瓦公约》的保护，也被剥夺了美国国内法的保护，前者保护根据战争法行事的常规武装部队成员，后者保护因谋杀和其他罪行而根据正常刑法被起诉的人。对被拘留者的虐待，包括未经起诉就拘留他们，以及对他们使用“强化审讯方法”，例如水刑（美国参议院关于中央情报局的拘留和审讯项目以及使用各种酷刑的报告对此进行了详细调查），引起了公众的高度关注，严重损害了美国及其与之合谋的 61
其他国家的声誉，这些国家的辩护理由是需要采取行动以保护西方国家的自由。

在减少武装冲突中不必要的痛苦方面，进展缓慢而零散；在某些问题上，没有国际共识。但是，有四条基本原则得到了所有人的坚定认可。这些原则是：（1）军事必要原则（只允许使用实现武装冲突的合法军事目的所需程度和种类的武力，而且此等武力未被武装冲突法禁止）；（2）区分原则（要求区分武装部队、军事目标与非战斗人员、平民和民用目标）；（3）比例原则（要求军事行动造成的损失与预期从该行动中获得的军事利益成比例，不应造成过大的损失）；以及最重要的（4）人道原则（禁止为实现合法军事目的而造成不必要的痛苦、伤害或破坏）。

在许多国家发行的军事手册中，例如英国国防部在2004年发行的《武装冲突法手册》，清楚地说明了这些原则的含义以及关于禁止使用某些武器和战术的更详细规定的含义。

严重违反战争法，例如蓄意把平民非战斗人员作为打击目标，或肆意毁坏城镇和村庄，均构成战争罪，国家法院或对有关事件拥有管辖权的国际刑事法庭可惩处犯罪者。在前南斯拉夫和卢旺达发生冲突后，临时设立了此类国际法庭，而且还曾为柬埔寨、东帝汶、科索沃和塞拉利昂临时设立“国际化的刑事法庭”
62（与国际法庭略有不同的混合形式，即配有一些国际法官的国家法院）。还有常设的国际刑事法院，该法院根据1998年的《罗马规约》于2002年设立。截至2013年底，国际刑事法院已就七场冲突行使了管辖权，这些冲突都发生在非洲，而且该法院正在调查其他情况下涉嫌的战争罪和危害人类罪。

这些法庭最重要的价值不是继续实践对战争罪的起诉，而是遵循第二次世界大战之后审判战争罪的先例，起诉政府最高层人员，而不仅仅是执行命令的军事人员。

出于正确的理由而战斗：正义战争

在整个现代史期间，战争法的发展基本上是朝着一个方向：越来越严格地根据四条基本原则——军事必要、区分、比例和人道——限制允许使用的武器和战争方法。另一方面，至于诉诸战争的权利，其发展轨迹则没有那么清晰。在20世纪的大部分时间里，趋势是限制将战争正当地作为外交政策的工具。但是在过去十年左右的时间里，有明显的迹象表明这种趋势出现了部分逆转。但是，武装力量只能在非常有限的情况下对其他国家使用，这个基本观点仍然没有受到质疑。

托马斯·阿奎那的著作遵循犹太-基督教的传统，完善了“正义战争”学说，这是英语世界关于“诉诸战争的权利”的最著名论述之一；但这绝不是唯一或最古老的传统。例如，在一千多年前，生活和工作在今天的伊拉克的穆罕默德·谢巴尼在他的著作《国际法》（*Siyar*）中论述了对其他民族使用武力的限制； 63 甚至在此之前几个世纪，《薄伽梵歌》也反映了印度教对正义战争与非正义战争的区分。针对此类标准，为了让特定战争师出有名，人们煞费苦心。在莎士比亚戏剧《亨利五世》第一幕中，大主教奇切利（牛津大学国际公法讲席就以他的名字命名）发表了讲话，以证明对法国发动战争的正当性，这只是严肃地表明战争正义性的一个例子，而且诡异地预示了解释2003年美英对伊拉克战争正当性的艰难。

纵观历史，发动战争要有合理的理由，这一点似乎一直很重要。这不足为奇，因为即便是某人杀了人，似乎总是需要提供一些正当理由，才能让其行为不被视为严重犯罪。但是，正当理由的性质发生了改变。正义战争理论家关注国际战争的实质理由，但到20世纪末，重点已从实质转向程序。

出于正确的理由而战斗：诉诸战争的权利

直到20世纪，国际法还没有禁止诉诸战争的具体规定。总体上限制使用武力的第一部法律诞生于1907年，当时参加海牙和平会议的各国（第一次海牙和平会议根据俄国沙皇提议于1899年召开）通过了《限制使用武力索偿契约债务公约》。该公约的缔约国同意，“不得因一国政府向另一国政府索偿拖欠其国民的契约债务而诉诸武力”。例如，这项承诺禁止为了让债务国政府明白向债权人偿还债务的重要性，而派遣炮舰封锁或轰 64 炸债务国海岸。这种做法在19世纪并不罕见。直到1902年至1903年间，英国、德国和意大利还派遣军舰封锁委内瑞拉海岸，因为委内瑞拉拖欠了其国民的债务。(委内瑞拉随后同意将其海关收入的一部分用于偿还债务，并将因索偿引起的某些争端提交海牙常设仲裁法院组织的仲裁。)在此类情况下禁止使用武力，体现了正义战争学说在战争限制问题上注重“实质”的传统方式。

虽然各国在1907年不再认可战争是收债的一种手段，但直到第一次世界大战之后，人们才逐渐认同可以更普遍地禁止将战争作为推行外交政策的手段。这种努力始于1919年创立的国际联盟。该机构得以成立，很大程度上是美国总统伍德罗·威尔逊推动的结果。国际联盟成立的宗旨是：

> 为增进国际间合作并保持其和平与安全起见，特允许承受不从事战争之义务，维持各国间公开、公正、荣誉之邦交，严格遵守国际公法之规定，以为今后各国政府行为之规范，在有组织之民族间彼此关系中，维持正义并恪遵条约上之一切义务。[①]

在《国际联盟盟约》序言中提出的这一信条，体现了威尔逊“十四点”计划中阐明的世界秩序愿景，该计划本身就是奇特的
65 混合体，其中既有一般原则(例如绝对的公海航行自由)，又有具体的建议(例如建立国际联盟，以及建立一个波兰国)。1918年初威尔逊在向美国国会发表演讲时提出了这项“世界和平计划”(见图6)。

---

① 译文参见《国际条约集(1917—1923)》，世界知识出版社1961年版，第266—267页。——编注

图6　有时我们期望过高。国际组织所能做到的事情是有限的

《国际联盟盟约》采用了现在看来近乎天真的方式，对发动战争施加了法律限制。在该盟约第12条中，联盟会员国同意，将“势将决裂”的争端，提交仲裁或交联盟行政院审查，并且在仲裁员裁决或行政院报告三个月届满以前，不得诉诸战争。联盟会员国同意，如果会员国遵行仲裁裁决和行政院一致赞同的报告 66
书，则不得对其进行战争，并立即对违反这些裁决或报告书而诉诸战争的会员国实行贸易制裁和其他制裁。就这样，《国际联盟盟约》试图通过规定冷静期，并为依照联盟制度处理争端的国家提供保护，以避免诉诸战争；但该盟约实际上并没有禁止诉诸战

争。这是从实质到程序的转变，是伴随着国际组织的建立而发生的，程序在国际组织中可以得到履行。

这一转变极其重要。关于在伊拉克（2003年）和利比亚（2011年）以及更广泛的中东地区（2014年及多个年份）等地使用武力的适当性，当前的辩论经常集中在以下问题上：是否已从联合国或适当的区域组织获得了必要的授权，而不是使用武力的实质性道义依据。这种转变虽然可以制止个别国家轻率的单边行动，却导致重要而且难解的道义问题——甚至是军事战略和可行性问题——被回避。人们的注意力集中在什么是允许的，却忽视了去考虑什么是正当的、有益的。

在《国际联盟盟约》施加的有限约束基础之上，在国际联盟机构之外，1928年《非战公约》又向前迈进了一步（该公约有时也被称为《凯洛格-白里安公约》，因为其主要发起人是美国国务卿弗兰克·凯洛格和法国外交部长阿里斯蒂德·白里安）。1928年《非战公约》得到德国、美国、法国、比利时、英国及其自治领、意大利、日本、波兰和捷克斯洛伐克共和国批准；后来又得到了更多国家的批准，但几乎所有缔约国都在随后的十几年内
67 陷入了第二次世界大战。该公约第一条规定：

> 缔约各国以各自人民的名义郑重声明，各国谴责用战争来解决国际争端，并废弃战争作为各国彼此关系中的国家政策工具。

1928年《非战公约》缔约国对自身施加的禁令乍一看很宽泛，其实是有限的。英国外交大臣奥斯汀·张伯伦爵士（和白里

安、凯洛格一样，都是诺贝尔和平奖获得者）在1928年致美国大使的一封信中阐明了关键的限定性条件：

> 对于第一条的措辞，关于废弃战争作为国家政策的工具，我谨提醒阁下，世界上某些地区的福祉和完整性，对我们的和平与安全而言，构成了特殊而重大的利益。国王陛下的政府过去一直在努力明确表示，这些地区不能遭到干涉。对于大英帝国而言，保护这些地区免受攻击，是自卫措施。必须讲清楚的是，大不列颠国王陛下政府接受新条约，明确的条件是该条约不影响其在这方面的行动自由。

尽管如此，《非战公约》已迈出了决定性的一步，即摆脱了——自卫除外——这种观念：只要战争所要促进的事业（发动者自称）是正义的，诉诸战争就是正当的。

国际联盟的方案和废弃战争的承诺并不是太成功。国际联盟从一开始就受到阻碍，因为美国参议院拒绝同意美国加入该联盟，在面对诸如入侵中国东北和阿比西尼亚，以及1932年玻利维亚和巴拉圭之间的查科战争等事件时，都证明了《国际联盟 68
盟约》和《凯洛格-白里安公约》无效，更不用说第二次世界大战了。但是，尽管这两个条约都失败了，当联合国于1945年成立以取代联盟，人类似乎再也没有回头路了。数千万人丧生，其中不仅包括数千万自愿参军或应征入伍的人（主要是年轻男性），而且还有成为战争受害者的数千万无辜的男女老少；战争严重损毁了欧洲和日本的很多城市，简直让人无法理解。鉴于这些伤亡和惨象，如果再次将诉诸战争作为外交政策的常规手段，简直不可思议。

在起草《联合国宪章》时，各国希望建立一个有效的国际组织，其首要宗旨是"维持国际和平及安全"，因此，禁止的对象已从"战争"扩展到了以任何形式使用武力，无论使用武力的规模或性质是否被视为"战争"（而且，无论如何，对于什么可以被视为法律意义上的"战争"，并没有明确的定义）。因此，《联合国宪章》第二条第四款规定：

> 各会员国在其国际关系上不得使用威胁或武力，或以与联合国宗旨不符之任何其他方法，侵害任何会员国或国家之领土完整或政治独立。

但是即使在此处，对武力的禁止也不是绝对的。与1928年张伯伦提出的前提条件类似，《联合国宪章》第五十一条继而规定：

> 联合国任何会员国受武力攻击时，在安全理事会采取必要办法，以维持国际和平及安全以前，本宪章不得认为禁止行使单独或集体自卫之自然权利。会员国因行使此项自卫权而采取之办法，应立即向安全理事会报告，此项办法于
> 69 任何方面不得影响该会按照本宪章随时采取其所认为必要行动之权责，以维持或恢复国际和平及安全。

第五十一条既保留了单独自卫权，又保留了集体自卫权。可以认为单独自卫权是自然权利。没有任何法律制度要求人们

必须坐以待毙，承受别人对自己的非法攻击：人总有权利采取自卫行动。（在没有其他条约或习惯国际法的指导原则的情况下，世界上所有或大多数主要法律体系共有的法律原则，被视为国际法的一个渊源。）集体自卫权使各国能够通过防御性联盟团结起来，例如1949年成立的北约（全称“北大西洋公约组织”），旨在保护西方免受苏联和东方的威胁，以及1955年成立的华沙条约组织，旨在保护苏联和东方免受北约的威胁。就武力的使用而言，《联合国宪章》第二条第四款和第五十一条规定的原则仍然是国际关系运行的框架。

在此处，对武力进行规范的方法在本质上仍然是程序性的。第五十一条自卫权仅“在安全理事会采取必要办法，以维持国际和平及安全以前”存在，因此重点已转移到安全理事会这一机构，一旦发生国际危机，该机构将迅速承担起责任，决定是否使用武力，使用何种武力，以及由谁使用武力。

安全理事会是联合国架构的中心。该会由十五个国家的代表组成：五个常任理事国（简称“P5”），即中国、法国、俄罗斯、英国和美国；由联合国大会选举的另外十个国家，任期两年，选举时应考虑各国对维护国际和平及安全的贡献，以及安全理事 70
会成员公平地域分配原则。

在20世纪40年代的冷战前时代，《联合国宪章》起草者的设想是，使安全理事会拥有可以支配的一支常设的联合国军事力量，在必要时进行部署，以阻止对国际和平与安全的威胁。该计划未能实现。战后经济紧缩，再加上冷战的压力，消除了建立常设联合国部队的任何可能性。其结果是，如果联合国打算下令采取军事行动，则必须呼吁会员国暂时将部队交由联合国支配。

自1945年以来，已经按照这种方式实施了60多项联合国维持和平行动，而且现在联合国部队仍然部署在塞浦路斯、黎巴嫩和苏丹等国。但是联合国只能做会员国支持的事情，而回顾会员国为联合国做贡献的记录，并不能令人感到振奋。就像所有国际组织一样，我们有时对联合国的期望太高了。

安全理事会具有非常广泛的权力，特别是根据《联合国宪章》第七章，安理会有权对会员国施加具有法律约束力的义务，以执行安理会认为维持或恢复国际和平及安全所必要的措施，包括使用武力。安理会根据第七章采取行动，对为非作歹的国家实施诸如贸易禁运或禁飞区等强制制裁。但是在当前的背景下，重要的是，除了自卫权以外，按照安全理事会的指示部署武力，是在国际关系中基本禁止使用武力这一原则的另一个例外。例如，1950年北朝鲜和南朝鲜之间爆发战争后，该权力被用来授权以美国为首的联盟对北朝鲜采取行动；1990年伊拉克入侵科威特后，该权力被用来授权以美国为首的联盟对伊拉克采取行
71 动。然而，更普遍的情况是，联合国部署的部队其实并不与冲突中的任何一方作战，而是在交战双方之间充当缓冲，而且这些部队只会在其东道国同意的期限内部署。

2003年英国和美国入侵伊拉克之前，声称安全理事会的授权为其提供了法律保护，尽管在大多数人看来，他们的说法所依据的安全理事会决议根本没有为入侵提供任何正当理由。尽管如此，英国和美国提出牵强的理由，这至少表明合法性是它们考虑的一个因素。这胜过认为法律无关紧要并且可以完全忽略的观点。

禁止威胁或使用武力这一基本原则还有其他限定性条件。

一国使用有限的武力营救在另一国领土上面临生命危险的本国国民，这种情况发生过几次。1976年，一架法国飞机遭到劫持，降落在乌干达的恩德培机场，机上的以色列国民被劫为人质，而以色列采取行动营救了其国民，这是最典型的例子之一。有观点认为，如果某国国民的生命在国外面临迫在眉睫的严重危险，而事发国无力或不愿意采取行动确保这些人的安全，则该国可以使用最低限度的必要武力营救其国民。这一观点得到广泛支持，但绝非得到普遍支持。但是，很难证实事发国无力或不愿采取行动（在恩德培事件中，分歧主要就集中在该问题上），而且各国总是更倾向于在事发国同意的情况下从事这种营救任务，而不是援引有争议的单方面采取行为的权利。

由于禁止威胁或使用武力的原则仅适用于国际关系的背景，该原则面临的另一个限制是：各国政府可以在国内使用武 72
力，这不会违反《联合国宪章》第二条第四款。这在某种程度上是必要的。如果一群抗议者占领某国政府机关，没有人认为国际法会禁止该国政府驱逐这些抗议者，即使要使用武力驱逐他们，当然所使用武力的种类和程度是有限制的，这最终受人权法规则的约束。如果示威者坚持不退并武装自己，那么可能有必要运用相当大规模的武力才能驱逐他们。可能出现的情况是，没有外部援助，无论这些援助是来自某些邪恶的军火商还是来自愿意提供支持的国家，该国政府无法重新获得控制权并恢复其权力。向现政府提供这种援助，是完全合法的。的确，如果援助维持了合法政府的权威，从而促进国际稳定，则很可能会得到广泛认可。但是，这种逻辑有局限性。

尽管国际法并未说到某个时刻政府必须实际上放弃武力，

并将其全部或部分领土控制权交给叛乱分子，但国际法确实说了，当冲突达到内战的程度，外部国家不得进行干预，不得协助该国政府或叛乱分子（例如，向任何一方提供武器装备）。这种立场源于内部主权的概念。该原则的内容是，每个国家的人民都有权决定自己的未来，而不是由第三国的军事干预来决定其未来或将某种未来强加给他们。当然，这项权利是有缺陷的：第三国可以自由选择与重新恢复的政府或与叛乱分子建立的新政府建立怎样的政治和经济联系，而对于内战中成功的一方能否维持下去，这种选择可能会产生决定性影响。然而，国际法确实
73 至少设法禁止扶持傀儡政权和推行代理人战争的极端例子。

法律不会停滞不前。特别是习惯法正在不断调整，以适应不断变化的情况和期望。确立人道主义干预权的趋向就是一个例子。20世纪90年代后期，媒体报道前南斯拉夫发生种族清洗和大规模侵犯人权的行为，面对令人震惊的报道，邻国似乎没有任何法律依据可以介入。这场冲突并没有直接威胁到邻国，因此邻国没有使用武力进行自卫的权利。塞尔维亚现政府当然不会邀请他国对自己使用武力。联合国安全理事会未授权使用武力。那些面临危险的人并不是外部国家的国民。然而，在1999年3月开始的空袭战役中，北约对位于塞尔维亚科索沃省的塞尔维亚部队发动了1万多次空中打击。人们对北约这场行动的合法性持不同意见，尤其是因为北约本是一个集体自卫组织，而此举出人意料地扩展了北约根据条约规定拥有的权力范围。或许这是对该战役最准确的描述：参与国认为这是一场在道义上和政治上都正当的行动，即便根据现行国际法规则该行动的合法性可能存在疑问，但道义和政治上的紧迫性比这些疑问更重要。

有些人会进一步说，这场战役是在行使人道主义干预这项合法权利，尽管在空袭科索沃之前不大可能存在这样的权利。

这一事件是典型案例，显示了国际法会发展，以应对现有规则不适合的情况。当某国发生骇人听闻的、有组织的大规模侵犯人权的暴行时，邻国根据法律却只能袖手旁观，这种状况将导致许多人认为必须修改法律（而且还会质疑，如果规模庞大的常备军无所作为，不去阻止此类暴行，那么维持这些军队还有什么意义呢）。从理论上讲，可以就《联合国宪章》展开重新谈判，为 74
第二条第四款增加一个例外，允许在必要时使用武力以防止大规模严重侵犯人权的暴行；但是重新谈判将花费很长时间，而且对于一项允许军事强国干预较弱国家的规定，各国将很难就其定义达成一致意见。但是，通过采取单方面行动并为其提供合理的理由，此类干预的支持者可以尝试推出习惯国际法的一条新规则。

如果其他国家同意或默许该行动，该行动将被视为符合国际法；随着支持该规则的证据不断增多和强化，将会出现一项新的权利。另一方面，如果该行动遭遇压倒性的抗议和反对，将不会被纳入习惯国际法。诚然，原则上，即使各国根据习惯国际法有权采取这种新型行动，它们仍要承担根据更加严格的条约所应承担的义务，包括《联合国宪章》第二条第四款。但是，国际法非常务实。人们认为，《联合国宪章》是一个不断发展的有机体系；此类调整是可以容许的，并被纳入国际惯例。安全理事会未谴责（但未明确宽恕）北约在科索沃的“人道主义干预”，这种做法似乎正在得到更广泛的认可，有人呼吁干预其他情况，例如非洲大湖区冲突和中东局势，就证明了这一点。

我重点讨论了国家不受外界武装干涉的权利，以及涉及该权利的明确情形。但是，就像所有法律规则一样，在这方面也有半明半暗的半影区，有些行动是否属于被禁止之列，并非完全清楚。例如，不涉及武力的经济胁迫呢？比如暂停贸易往来或政
75 府贷款，是否应当加以禁止？答案还是比较清楚的。有人曾试图将经济胁迫明确纳入侵略和非法武力的法律定义之中，但失败了；尽管经济胁迫在某些情况下可能违反国际贸易规则（包括世贸组织规则）和不干涉原则（稍后我将讨论），但从法律上讲，经济胁迫并不等于使用武力。

再举一个例子，向某国内部的叛乱分子提供援助，这是否违反了第二条第四款关于禁止威胁或使用武力的规定？如果援助的内容是训练叛乱分子，或者给他们提供武器装备，抑或仅向他们提供资金，是否违反上述规定呢？1986年，国际法院在尼加拉瓜案中讨论了这些问题，其判决支持尼加拉瓜的控告，即美国支持“反抗军”叛乱分子与桑地诺政府作战是非法的。更高程度的介入可能构成间接使用武力，违反了第二条第四款；而提供更加广泛的援助将违反不干涉原则。

在讨论不干涉问题之前，我要先谈谈各国在多大程度上遵守了国际法关于使用武力的规定。关于禁止使用武力的规定，列出的例外情况可能看起来有些零乱：自卫；安全理事会授权；营救国民（也许）；现任政府使用武力；人道主义干预（也许）。但是，实际上，在国际关系中使用武力的禁令已经非常明确。

鉴于像越南、中东、非洲大湖区、斯里兰卡、伊拉克、阿富汗、格鲁吉亚、乌克兰等地的冲突事件不胜枚举，还在此处声称国际

社会普遍遵守禁止威胁或使用武力的规定，似乎有些不诚实。但是，对于法律原则的出现和存续而言，至关重要的不是得到各国的完全遵守，而是看似（而实际可能是）违反规则的行为应该 76
由相关国家以一种含蓄肯定而非否定的方式来解释，以维护该规则的持续有效性。

因此，当以色列与其阿拉伯邻国在1967年的六日战争中交战时，双方都声称是在自卫，所以符合《联合国宪章》第五十一条，并且不违反第二条第四款关于禁止使用武力的规定。同样，当苏联（当时的名称）在1980年入侵阿富汗，以及美国在1983年入侵格林纳达时，据称干涉的国家都得到了当事国合法政府的邀请。如果这些说法属实，那么干涉行为就是符合国际法的，因为，正如我上文所述，自卫和应现政府的要求提供军事援助，都不在国际法禁止使用武力的范围之内。从法治稳定性的角度看，比说法是否属实更重要的是，干涉的国家解释相关情况时，有意证明自己是在国际法规则的范围内行事。这样就表明了规则的重要性，以及对规则的持续尊重。伪善是软弱的罪人对法律敬意的体现。如果有一天各国不在乎其行为是否合法，这时人们就要真正感到担忧了。

还有另外一个更基本的观点需要记住。参照法律标准对行为进行评估，是我们做出的一项选择，而不是必然的做法。在国内层面上，这个道理是如此明显，以至于经常被忽视。如果与邻居发生争执，只有反社会人格者才会立即寻求法律途径解决。自然的反应是对此进行讨论，并寻求切实可行的和解，而和解方案可能与当事各方各自的合法权利和义务没有什么关系。甚至警察和监管机构也经常通过非正式手段进行“执法”。事实是， 77

对社会以及对所有相关个人而言，针对每项不法行为都去寻求法律救济，其代价实际上难以承受。任何社会都无法按照这种方式运行。人们会选择哪些纠纷最好通过正式的法律程序来解决，而哪些纠纷则不必。

在国际法方面情况也大致相同。有些争端被视为法律争端，因此需要根据国际法形成解决方案。伊拉克入侵科威特就是这种情况。其他争端被视为本质上的“政治”争端，因此寻求解决方案时绝不仅限于落实当事方权利和义务的方案。巴勒斯坦问题就是一个例子。几十年来，谈判时讨论的不是国际法要求或禁止做什么，而是可以合理地期待或做出哪些让步。一个有趣的问题是：是否存在一套有条理的原则——根本原则——凌驾于法律和现实政治之上，可以将争端导向法律渠道或非法律渠道；或者是否可以得出这个经验：在每个法律体系中，都会有这么一种情况，不服从法律的决定变得无可指摘，因为社会在现实中不可能调集到足够的资源来迫使各方遵守法律。换句话说，法律归根结底只是我们处理冲突时可以选择的几套规则之一。

不干涉

正如最普遍和最有害的家庭虐待形式（可以说）不是肉体上的暴力，而是施加心理和经济压力，在国际关系中，使用武力
78 并不是自治和尊严平等原则的最大威胁。

我在上一节中指出，尽管人们不认为经济侵略属于国际法所禁止的使用武力的范畴，但经济侵略可能违反了禁止干涉他国内政的规定。《联合国宪章》第二条第七款规定，不得认为该

宪章“授权联合国干涉在本质上属于任何国家国内管辖之事件”，但安全理事会根据该宪章第七章采取措施而导致的干预除外。该规定明确的含义是，联合国不应干涉一国的内政；而且普遍的看法是，任何国家都同样不得干涉另一国的内政。就像家庭虐待一样，根据这种看法，家门里面发生的事与别人无关。

尽管不干涉原则或多或少保持了完整，但对于什么才是“内政”以及某事在何时会成为需要更广泛公共关注的问题，观念却发生了深刻的变化。最显著的动向是国际（与国内法相对）人权法的发展。在20世纪上半叶，国际法庭审理过很多案件，其中国家因未能遵守对待外国人的最低国际标准而被判承担责任，例如暴民施暴时未能对外国人提供基本保护，或者未调查针对外国人的犯罪。但是，一国对待本国国民的方式，过去并不被视为国际法问题，也不被视为其他国家需要适当关注的问题。

不仅在纳粹德国，而且在其他国家野蛮残酷的政权统治下，都发生过大规模的杀戮，这些情况被公布后，让世人震惊和愤怒，改变了上述看法。国际社会开始真正关注对基本人权的保障，而且想要约束某些政府，因为这些政府奸诈地虐待本国公民的行为很容易引发国际冲突。于是形成了一种气氛，国际社会 79
非同寻常地乐意接受理想主义的方案。在20世纪四五十年代，各国不仅起草而且庄严地通过了诸如《世界人权宣言》（1948年）和《欧洲人权公约》（1950年）等开创性文件。《欧洲人权公约》建立了一种机制，使一个缔约国可以向欧洲人权法院起诉另一个缔约国，指控后者没有遵守其人权承诺（即便情况发生在后者的领土上）。例如，爱尔兰对英国、塞浦路斯对土耳其、格鲁吉亚对俄罗斯的诉讼都是基于这一理由提出的。不太突出但更常见的情况是，各国在人权问题上相互进行公开批评或提出外交抗议。尽管这种言论有时不受欢迎，会遭到反驳，但现在很少有人会说这种言论实际上是对他国内政的非法干涉，不符合各国根据国际法承担的职责。

随着国家间的相互依存日益显著，越来越多的国内行动被视为与外国正当利益相关的事项。环境问题和经济问题很少能够局限于国境之内，尽管每个国家独立和自治的核心原则仍然完整，但其应用受到了制约，因为人们日益意识到，各国即使在独立地选择资源使用方式和经济政策时，也不能无视相关选择对邻国的影响。

制　裁

有时，各国并非只是口头说说，而是试图公开地强迫另一国改变其行为方式。可以通过扣留对外援助，对进出口实行限制，
80 对特定人员实施旅行禁令，以及类似的反报行为来施加压力。

有时，可能会采取表面上违反国际法的行为来施加压力，例如冻结资产，即采取反措施的国家对其管辖范围内不法行为国或与之相关的特定个人或公司的银行账户存款实施交易禁令。此类干涉行为无异于没收外国财产，只有因为这些行为是作为反措施而采取的，或根据联合国安理会批准的制裁而施加的，才具有合法性。

如果联合国安理会下令实施制裁，所有国家都要遵守执行制裁的义务，因为这是《联合国宪章》第七章中规定的规则，所有国家在成为联合国会员国时都接受了该规则。实际上，更常见的情况是个别国家及其盟国或诸如欧洲联盟和西共体（西非

国家经济共同体）之类的区域组织策划实施制裁。在某种程度上，原则上讲这种非联合国实施的制裁会违反国际法，因其被视为反措施而具有正当性。

人们经常批评制裁是一种无效的方法，制裁本来应惩罚对不法国家的非法行为负有实际责任的个人，却使穷人和弱者受到更多伤害。在最近的几十年中，针对战略性行业和交易，以及国家的关键部门和统治阶层的成员，人们非常努力地制定了“明智的”或“定向的”制裁措施。这种定向制裁可能非常具体，例如2006年实施了禁止向朝鲜出口劳力士手表的制裁，这实际上是针对朝鲜当时的国家元首金正日。但是“明智的”制裁远非完美。为了逃避制裁，总是会涌现出巧妙而有利可图的计划。除此之外，将非拉丁语系的名字音译为其他语言时会导致拼写
不一致，而且各国以安全为由普遍拒绝解释为什么将某些人纳 81
入制裁目标清单。由于这些情况引发的问题，定向制裁制度更容易让人想到作家卡夫卡笔下的法官，而非精密工程师。

经济制裁可能不像炮舰征战那样立竿见影，例如1902年委内瑞拉拒绝偿还外债时，欧洲军舰封锁了委内瑞拉。但是，尽管现在人们普遍认为使用军事力量强迫某国改变其行为是一种不合时宜、难以接受的霸凌，但贸易制裁能够对目标国造成更大的损害。而且，禁止向一国提供商品和服务这种手段，通常不怎么区分制裁对象。即使将食品、服装和药品从禁令中排除，燃料和机械零件的短缺也会导致经济活动水平迅速降低。缺乏就业、资金和运输方式，以及基础设施恶化，会迅速导致疾病和贫困，并造成严重的生计困难。

举一个例子，尽管不同估算的数值相差很大，但大多数人

相信，在与萨达姆·侯赛因对抗期间，对伊拉克的经济制裁造成的死亡人数至少数以万计。联合国人权事务高级专员办事处在2000年的报告称，伊拉克的孕产妇死亡率从1989年每10万活产死亡50例增加到1997年的每10万活产死亡117例，而婴儿死亡率从1990年的64‰上升到1995年的129‰。对国家错误行为负责的执政精英通常能够确保自己受到的不利影响相对很少。相比之下，弱势群体和贫困群体特别容易受到伤害，他们可能承受制裁所带来的最大痛苦。经济制裁似乎比军事力量更“和平”，
82 但也会造成相应的苦难。

对使用武力权利的限制，是国际法保障各国主权平等和独立、不受外部威胁的一条关键原则。第五章继续探讨这一主题，
83 审视了从正面阐释平等和独立的内容的国际法原则。

第五章

国家对内主权

为什么国家仍然很重要

政治家喜欢谈论“我们的生活方式”和“价值观”，这两者是国家的基础。许多人会质疑这种观念，即在一个国家内部，存在一套共同的价值观，得到公认而且跨越阶级、年龄、性别、宗教、语言和种族的差异——这里仅列举了世界各国都存在的社会差异当中最显而易见的一些。但是，我们看待世界其他地区的角度通常是“外”国、“外国”人，而且带有让国籍成为一个有力概念的刻板印象。

人们日益质疑国籍这种分类的重要性。在地方、省、国家、区域和大洲的层次，都存在着政府权力、经济、文化和许多其他社会现象。至少可以说，权力从国家向地方的下放，以及权力从国家政府向欧洲联盟的相关机构这种超国家机构转移，正在从上下两个方向逐步侵蚀民族国家的现实重要性。的确，欧盟、
北约、在中东建立一个伊斯兰哈里发国，以及努力说服各国团 84

结起来共同捍卫“西方价值观”的尝试，都可以合理地视为以下看法的具体表现：对于各国政府及其公民的每一项议程和每一个愿望而言，民族国家并非都是规模或类型上最合适的社会单位。

对于国籍是否仍将有用这个问题，答案显然取决于我们如何衡量“什么是重要的”。这或许是真实情况：大多数时候，地球上的大多数居民事实上并不关心国际事务或国际经济、社会政策方面的问题。人们通常在本地生活，处于地方而不是国家或国际的治理框架下。但是，当需要采取行动减轻诸如贫困、疾病、洪水或干旱的影响时，人们仍然主要指望国家政府。国家政府是征集和支出大多数税款的机构，并且武装部队以及公民生活所依赖的道路和铁路、学校和医院等基本上都归国家控制。国家政府对移民和国际贸易等事务拥有最大的控制权。即使在诸如警务和电力供应等方面，地方或地区当局可能是政策和优先事项的主要控制者和决定者，但国家政府在这些方面通常也拥有一定程度的总体控制权或少量控制权，这使国家政府成为社会权力和活动的自然焦点。

可以说，在影响人们日常生活的各种社会机构中，各国政府凭借对立法机构和税收的控制脱颖而出。通过在法律中规定必须做什么和不应该做什么，并通过控制做这些事情所需的资源，国家政府以及民族国家得以保持其重要地位。考虑到国家政府
85 外交部的特殊地位，即人们公认外交部是负责与外国政府联系的部门，不管人们与外国团体之间的非正式贸易和社会联系是多么活跃和繁荣，重点关注民族国家的理由都是非常充分的。

这就是领土主权和管辖权的法律概念发挥关键作用的地

方。每个国家都有权决定其社会制度和经济制度，并制定对国家特征和国内生活特征具有重大影响的法律。管辖权这一法律概念决定了这些法律的适用范围和优先级。管辖权设定了国家在什么限度内有权制定此类规则，以及国家在什么限度内有权执行规则。

管辖权与国家

基本原则是管辖权具有属地性：也就是说，在制定适用于一国领土内所有人的法律方面，该国立法机关拥有首要权利。领土主权和1966年《公民权利及政治权利国际公约》及《经济、社会及文化权利国际公约》等文书规定的自决权的一个表现，是所有国家和民族有权追求其经济、社会与文化发展，并自由地选择法律制度以促进发展。

正是基于这种自由，一国政府有权决定人们是否可以在公共场所穿着罩袍，选择禁止酒或鸦片的销售或消费，或禁止生产雕刻的偶像、煽动性或色情材料，规定每个人可以有多少个配偶以及结婚的年龄，以及公民是否必须为自己的教育、医疗保健或交通支付费用，等等。属地管辖权的首要地位和选择社会制度的自由，确保各国社会有权有别于其他社会。 86

这种自由并不是无限的：它受制于一国根据国际法承担的义务，在实践中，最重要的是人权法以及各种贸易和经济协定所规定的义务，此类协定使人们有权进入缔约国并在缔约国工作。

《欧洲人权公约》，与美洲和非洲类似的公约一样，是重要的区域性人权公约。这些公约的缔约国选择让自己承担义务，以确保其管辖范围内所有人的某些基本人权。就《欧洲人权公约》

而言，这种管辖范围不仅包括一国领土，而且还包括处于其管辖下的国外地区和场所，例如所谓的“北塞浦路斯土耳其共和国”受土耳其控制和管辖，而伊拉克战争期间在伊拉克的英国军事人员及其管理的监狱受英国控制和管辖。生命权、禁止酷刑和任意拘留与治罪、思想和表达自由权，以及禁止歧视，是《欧洲人权公约》和其他人权文书所保障的权利和义务；除了基本的公约权利，通过批准公约的议定书，以及尤其是欧洲人权法院和其他类似机构的解释性裁决，权利的清单得到了极大的扩充。

和所有条约义务一样，各国基于《欧洲人权公约》的义务是自愿承担的。这些义务仅对选择成为该公约缔约方的国家具有约束力；认为这些义务是以某种方式强加给成员国的观点是错误的，尽管我们必须承认，各国当初不太可能预见到欧洲人权法院将在多大程度上把该公约中基本权利的广泛原则应用于日常生活的细节。此外，即使欧洲人权法院（这是欧洲委员会的一个
87 机构，完全独立于欧盟）宣称成员国的某项决定或法律与《欧洲人权公约》不符，该裁决也不会自动推翻该国法律。违反该公约的某国有义务按照国际法采取措施，以履行其根据该公约承担的义务；但是，如果该国不这样做，那么该国法院和政府当局将遵守本国法律。只有当该国自己的全国性法律要求其法院和政府当局优先适用《欧洲人权公约》（或任何其他国际义务），而不是与之抵触的本国法律时，其法院和政府当局才会赋予该公约这种优先权。而且，如果成员国认为该公约过度干预本国法律体系，它们则有权修订该公约——尽管要牢记历史，那些曾在第二次世界大战中奋战并幸存下来的人将《欧洲人权公约》保障的权利视为防止陷入国家恐怖主义的堡垒：不可轻率地忽视

这一点。但是，只要各国选择继续作为《欧洲人权公约》的缔约方，该公约无疑将限制它们的立法自由。

不仅在人权义务方面如此，所有条约义务都在某种程度上约束着缔约国。再举一个例子，在世界范围内，有两千至三千项双边投资协定，这些协定显著限制了缔约国可以对另一国投资者采取的行动。双边投资协定通常禁止歧视外国投资者，并要求给予外国投资者“公平与公正的待遇”。公平公正的要求尤为苛刻：即使投资者根据东道国法律而受到非歧视的对待，但是投资者如果因为某些合法但不公平的行为而蒙受损失，则有权获得补偿。比如，如果一国放弃了向某个投资者做出的关于维持特定税收制度的承诺，而投资者当初做出投资决定是基于该承诺。

加入诸如世界贸易组织（WTO）和国际货币基金组织（IMF）之类的机构，也会产生类似的结果。各国可能会发现自 88
己受国际法约束，不得向本国工业提供补贴，甚至不能通过减税或能源供应补贴等机制间接提供补贴，也不得实行货币管制；而且这些限制可能会对政府选择本国经济政策的自由产生重大影响。有个例子很好地说明了这一点。千年之交，拉丁美洲债务危机引起了大量国际争端，当时投资者和债权人针对有关国家的政府行使其权利。外国投资者针对拉美国家向仲裁庭提出了仲裁申请，这类案件有数十起，因为外国投资者根据适用的双边投资协定规定有权这么做。

因此，国家主权是一个核心概念。对外主权面向外部世界，确立了国家在原则上有权根据自己的意愿进行立法，并建立自己选择的社会、经济和政治秩序。但对外主权也赋予了国家法定资格，可以订立具有约束力的协议，这些协议会限制国家的行动自由。对内方面，主权面向本国公民、法院和政府当局，赋予国家法定权力，可以根据本国宪法自行选择要做什么，即使其行为会违反该国的国际义务。

管辖权与领土

每个国家都对其领土拥有管辖权。这一点显而易见，而且鉴于国际法的基础是独立国家地位的概念，这一点实际上是同义反复。国家的领土是指其边界内的全部区域，以及相邻的领海，从海岸线向外延伸不超过12海里。还包括上方的空域和下方的底土。在国际法领域，通常认为一国的领空可以延伸到大
89 气层的边缘，距离地球表面约100公里，该空域以外是外层空间，国际法（至少按照地球人的理解）不承认任何国家可以对外层空间享有专有权。根据一项历史悠久的法律拟制，就管辖权而言，船舶和航空器也被视为其登记国（旗帜国）领土的一部分，该国可以选择将本国法律适用于其船舶和航空器。

海上管辖权稍微复杂一些。一国的领海（连同其海床及其上方的空域）基本上被视为其领土的一部分，就像其领陆一样，尽管外国船只在该水域具有有限的航行权（无害通过）；但是在超过12海里界限的海上，情况就大不相同了。直到20世纪末，领海以外的所有水域均被视为公海，任何国家的船只均可免费进行捕鱼、航行、飞越或任何其他具有合法目的的活动。（一些国家主张3海里宽度的领海，并在领海以外几海里宽的毗连区对海关和渔业事项实行管辖；另一些国家则主张6海里或12海里宽度的领海；但没有哪个国家认真地主张超过12海里宽度的领

海。）因此，领海与公海形成了鲜明的对比，在领海内，沿海国可以对所有船只行使管辖权，不论其国籍如何；在公海上，（除从事海盗活动的船只以外）船只仅受其船旗国的管辖。

在20世纪40年代，各国认识到近海石油供应的战略重要性，开始主张对大陆架的专有权。大陆架是指领海范围以外海水相对较浅的海床，即大陆和岛屿的陆块向海延伸的区域，与深海海底截然不同。率先做出这一举动的美国拥有广阔的大陆架；石油工业早已将墨西哥湾的浅水区视为开发的目标。其他国家紧随美国之后，各国都单方面主张对大陆架资源的所有权，并且由于这种做法很普遍，而且并未遭到任何强烈的反对，一个 90
新的习惯国际法规则迅速形成。但是，在某些地区，诸如南美洲西海岸，各国的大陆架非常窄，通过占有海底资源能获得的收益很少。于是开始出现一个类似的趋势，这些国家不仅主张对海底资源的权利，而且主张对距其海岸200海里以内的整个水域的权利。这些主张遭到了传统海军国家的反对，包括在第二次世界大战中取得胜利的同盟国（也是主要的殖民强国），特别是因为它们认为这些主张威胁公海自由，例如航行和捕鱼的自由，而这些自由让它们受益匪浅。反对意见导致这种做法未能得到普遍认可，也就无法产生新的习惯国际法。

但是，在20世纪70年代，许多前殖民地重新获得独立国家地位，同时人们日益认识到，自由放任的公海制度正在导致经济鱼类遭到严重的过度捕捞，而实际上可以调和沿海国对海洋资源的所有权与海洋方面的其他利益（例如航行权和飞越权），而且要想建立合理的资源管理制度，这种调和是必要的，从而导致国际法的重大变化。种种迹象清楚地表明各国的做法已发生普遍变化，于是1982年《联合国海洋法公约》（该公约为各国利用海洋提供了全面的法律框架）的规定体现了这种变化：每个沿海国都有权在位于其海岸附近200海里的专属经济区对海洋和海底的生物资源（鱼类、鲸鱼等）和非生物资源（石油、天然气、砾石、砂矿等）行使管辖权，并对污染、科学研究和人工岛等其他特定问题和其他设施（例如钻井平台、海上废物处理厂和风力涡轮机）行使管辖权。为了让传统的海军国家接受这一举措，作为
91 一揽子方案的一部分，航行自由和飞越自由得到明确保留，尤其是通过直布罗陀海峡等主要战略性海峡的自由。

关于海洋资源的这些动向具有空间方面的影响：使沿海国拥有了新的更广阔的海域。但从本质上讲，这些动向涉及管辖权，而非领土。专属经济区实际上不是某国领土的一部分：这是一个（公认的从地理角度界定的）区域，沿海国在该区域内具有有限的管辖权，对象是该区域的资源（因此被称为“经济”区），包括乍一看似乎根本不是资源的经济产品，例如风能和海洋的清洁。但是，沿海国在其专属经济区的管辖权确实使其能够对这些资源的勘探和开发进行控制和立法。

国家的管辖权意味着一国可以规范其领土内所有人的行为，不论其国籍如何。至于什么构成在一国“领土内”的行为，其实并非人们想象的那样明晰。有时，各国试图扩大其立法管辖权，以规范在其领土内产生影响的国外活动。对于某些典型的跨国犯罪，即部分行为发生在一国领土之外，例如跨界枪击或邮政犯罪，这种管辖权没什么大问题。如果身处瑞士的某甲开枪射击法国境内的某乙，或向某乙发送勒索信，则瑞士（作为着手实施犯罪的地点）和法国（作为完成犯罪的地点）均有权行使

管辖权：它们对整个犯罪拥有共同管辖权，因为构成犯罪的某些要件是分别在两国领土上实施的。但是，对于并非有形的后果，该持何种立场就没这么简单了。如果后果是无形的和抽象的，该怎么办？

对于以非有形方式影响美国领土或利益的行为，美国特别 92
积极地主张管辖权。例如，非美国企业在美国境外组成卡特尔，如果该卡特尔对美国市场上的竞争状况产生影响，美国将根据其反托拉斯法处罚该行为。事实证明，对管辖权的这种拓展往往存在争议。在纽约人看来，某项行为可能是一群欧洲公司试图建立卡特尔以控制美国市场，可在欧洲人看来，这是为了在美国市场上成功地开展竞争而进行的合理合作。应该接受哪种观点？

有人可能会尝试按地域对情况进行划分，表示各家公司可以在欧洲开展合作，但如果事实证明这种合作的确在美国领土上产生了不利影响，美国保留实施处罚的权利，但是不下令停止这种合作。但问题在于，在许多情况下，无法精确定位受到“影响”的地点，而且不可能将某国境内发生的一项冒犯行为的某些部分分隔出来，使该国可以对这些部分进行管制，但不管制境外的行为。例如，某个卡特尔对外国市场竞争的经济影响是广泛的。即使卡特尔的成员在确定标准的供货条件或在各成员之间划分销售区域时，主要打算针对的是美国，但它们相互合作的经济结果很可能已经影响加拿大、墨西哥和俄罗斯的市场。每个国家都可以处罚该卡特尔吗？如果（并非罕见的是）其中某些国家（包括位于欧洲的本国）实际上鼓励针对外国市场开展商业合作以促进出口呢？美国是否可以禁止欧洲公司在欧洲做欧盟鼓励的事情？

此类问题并非罕见。之所以出现类似的难题，是因为现在许多交易涉及电子传输，经过不同国家的服务器。许多大
93 额国际金融交易都通过位于美国的清算所银行同业支付系统（CHIPS）的计算机处理。电子在位于纽约（或计算机网络中服务器可能位于的任何地方）的计算机中移动，这是否足以认定美国对其协助实施的交易拥有领土管辖权？如果美国对某个国家或个人实施制裁，而英国银行的某个账户要向其转账，而且该转账通常会通过清算所银行同业支付系统进行处理，那么美国的制裁法律是否会干预这一交易？如果英国没有采取此类制裁措施，而且转让人和受让人都与美国没有任何联系，并且没有理由认为美国法律可能阻碍付款，这该怎么办？

这些问题之所以发生，是由于特定活动可能涉及发生在几个不同国家的因素。这些国家对该活动的态度不同，会导致管辖权冲突。之所以发生这种冲突，也可能是因为各国不仅根据属地原则，而且还根据国家与被监管行为之间的其他联系来主张管辖权。在此类联系中，最长久、最牢固的是国家与具有本国国籍的人之间的联系。

管辖权与人员

如今，我们自然而然地认为，人们应基于地域履行义务：“入乡随俗。”但是，在大多数早期社会中，社会组织的基础是部落或家庭，而不是特定的地理位置。服从“法律”的责任当时是针对个人的：每个人都有义务忠诚地服从其国王和领主的命令，不论国王和其朝臣身处何地。人类这种根深蒂固的惯例在国际法律体系中得到延续。

根据国际法，每个国家都有权制定法律，其公民无论在国内
还是国外都必须遵守；立法者认为有些犯罪非常严重，要求起诉 94
肇事者，不论罪行发生在何地。例如，有些国家规定，无论某项
活动在其实际遂行的外国是否属于犯罪，其国民到国外去实施
对儿童的性剥削都属于刑事犯罪。叛国罪、重婚罪和谋杀罪也
属于此类。近年来，应对贩毒、洗钱、海盗和恐怖主义的法律也
通常被赋予所谓的“域外”效力——也就是说，即使某国国民身
处本国领土以外，此类法律也对其适用——这反映了在实践中，
至少需要打击某些形式的犯罪活动，因为此类活动本质上经常
是国际性的，并且不像诸如盗窃和攻击等犯罪那样主要发生在
当地。当受害人（而非作案人）具有本国国籍时，一些国家还主
张对国外犯下的罪行具有管辖权；但是这些主张往往仅在某些
恐怖主义罪行（例如劫持人质）方面得到广泛支持。

经常有人说，有些罪行被认为如此严重，以至于根据国际法，
任何国家都可以起诉涉嫌犯罪者，无论所指控的犯罪发生在何
处，即使涉嫌犯罪者不是该国国民。这种“普遍”管辖权适用于
现在死灰复燃的海盗行为和奴役，以及各种“危害人类罪”，例如
种族灭绝、严重违反战争法的行为和酷刑。实际上，很难看出是
这些罪行的“严重性”导致了对它们的普遍管辖权。例如，海盗
行为不一定比任何其他形式的武装抢劫更严重。而且很难解释
为什么在公职人员监管下实施的行为才算是酷刑，而贩毒集团和
其他犯罪组织的执行者所实施的类似行为却不算酷刑（不过在某
些地区没有有效履职的常规政府，而类似政府的帮派组织可能在 95
此地强制执行其“命令”，该帮派组织很可能被视为公职人员）。

根据习惯国际法，某些罪行受到普遍管辖，其主要原因具有

机会主义性质。许多罪行骇人听闻，受到普遍谴责；但是在少数类型的案件中，被指控的犯罪者通常有相当大的行动自由，无论是因为他们在海上活动（例如海盗和以前的奴隶贩子），还是因为他们在犯下罪行的国家内享受了权力和腐败的果实，而且有离开该国的实际能力。在这种情况下，作案人常常逃脱在国内被起诉的命运。过去，这类人被挑出来，成为各国主张普遍管辖权的对象。事实上他们现在仍然被挑出来。例如，当涉嫌“战争罪”的人前往伦敦、纽约、巴黎或所有人（包括保持警惕的政治活动家和人权活动家群体）都可以迅速获得司法公正的其他城市旅行时，已经多次发生了试图逮捕这些人的情况。

如今，对人员的域外管辖权更普遍地源自条约，而非习惯国际法。各国努力达成国际共识，并通过一项国际公约来打击某些特定的犯罪。此类条约适用于酷刑、腐败和种族灭绝等罪行，其缔约国通常都同意，任何一个缔约国都可以起诉某人在另一国犯下的罪行，除非它们将被告人引渡至国外（通常是所指控罪行的发生地）面对指控。这项原则被称为“或引渡或起诉”（*aut dedere aut judicare*），即要么将嫌疑人移交给想要调查他的另一国，要么将该案件移交给其所在国的检察机关，这在很大程度上
96 鼓励了各国对以往很可能会逃脱的罪行进行调查。

管辖权与财产

偶尔会有国家尝试将管辖权扩展到其他“事物”，这些权利本质上仿佛被视为财产权。例如海洋法规定的对专属经济区资源的权利。又如，国际法规则长期以来一直允许各国将外国人在国外伪造其货币的行为定为犯罪，好像每个国家都有权保护

其对本国货币拥有的某种知识产权。但是，作为其制裁计划的一部分，美国曾试图将其管辖权扩大至包含大量美国技术的商品，禁止任何地方的任何人在未经美国政府许可的情况下向某些特定的目的地出售此类商品，而其他国家则对此表示反对。美国命令英国牛津的一家研究机构，未经美国许可不得向伦敦大学出售从美国供应商那里购买的超级计算机，并且把禁止某些国籍的学生使用该计算机作为提供许可的前提条件，此举太过分了。堵塞制裁制度的漏洞是国际合作的经典角色，无法单方面实现这一点，除非踩到其他国家的底线，侵犯其主权独立。国家管辖权的重点仍然是属地管辖，尽管人们在游历世界时由于其国籍而负有遵守本国法律的义务。

执　法

规定法律是一回事，执行法律是另一回事。执法管辖权完全是属地性质的。例如，虽然甲国可将其国民在乙国参与谋划恐怖主义袭击的行为定为犯罪，但甲国不能派遣警察到乙国逮捕此人。如果甲国确实在未经乙国允许的情况下派警察过去，这将侵犯乙国的主权。这种情况有时确实会发生：臭名昭著的例子是，美国缉毒执法人员越过边境，在墨西哥逮捕通缉犯，并 97
将他们秘密带回美国，有时甚至将他们麻醉并藏在板条箱中。但是，通常情况下，各国会遵守国际法的规则，如果一个国家要针对某人在国外犯下的罪行（甚至是在本国领土内犯下的罪行，如果嫌疑犯已逃往国外）而起诉他，该国会要求外国遣返此人。如果嫌疑人不自愿回国，他可能会被其居住国的政府当局逮捕，并被引渡到希望起诉他的国家。

大多数情况下，仅当请求国与被请求国之间存在有效的引渡条约时，被请求国才会引渡通缉犯。这类条约可能是双边协议或多边协议，或者是诸如欧洲逮捕令之类的区域性安排，通常仅就相对严重的罪行做出引渡安排，处以特定的最短期限监禁。有些国家在任何情况下都拒绝引渡本国国民；并且大多数国家拒绝引渡能够证明自己是由于“政治”原因（如反对请求国的政权）而受到起诉的人。

尽管规则相当不同，但不引渡政治犯的规则与涉及难民的国际法原则是相互补充的。难民是指害怕由于“种族、宗教、国籍、属于某一社会团体或具有某种政治见解”的原因在其本国遭受迫害的人。在经历了第二次世界大战的浩劫之后，各国于1951年通过了《关于难民地位的公约》，而1967年生效的一项议定书则扩大了该公约的涵盖范围，但该公约实际上并未赋予难民进入另一个国家寻求庇护的权利。该公约只是表示，如果难民处在另一个国家并寻求庇护，该国当局不得将难民送回至其生命或自由会因为他的种族、宗教、国籍、属于某一社会团体或
98 具有某种政治见解而受到威胁的地方。很多人可能并不准确地将这项规定视为“寻求庇护权”，通常是以不合法的方式进入或居留在其寻求庇护的国家。这种自相矛盾的情况（但不是唯一因素）催生了一项可怕的勾当，即以“移民走私”之名，交易人们的苦难与绝望。

法律之间发生冲突时

当各国法律发生冲突时，例如，甲国基于属地原则立法，乙国基于国籍立法，而一个人面临两国法律相互矛盾的要求，会发

生什么情况呢（见图7）？谁有权决定在法国妇女是否必须穿罩袍，或者妇女可以选择是否穿罩袍？如果法国立法机关颁布了禁止穿着罩袍的法律，但是其他国家或其他机构（例如宗教机构）说必须穿着罩袍，并且可能会惩罚不穿罩袍的妇女，该怎么办？难道某个人无论穿或不穿罩袍都要受到不同当局的惩罚（见图7）？如果该禁令不是针对着装，而是酒类、非法麻醉品或拥有核武器或生物武器的部件，情况会有所不同吗？

传统上，国际法将一国规范其领土内行为的权利放在首位。当然，这个解决方案主要是基于常识和便利。实际情况是显而易见的。相关个人、受到此人行为最直接影响的人员、犯罪证据，以及警察和其他当局都位于行为发生的实际地点。由于执法必须在当地实施，因此不让行为发生地的法律享有最高优先

图7　当各国法律冲突时

权是不切实际的。但这也是一个原则问题：甲国的国民在乙国
99 采取了某种行为，却要适用甲国的法律，这将违背各国主权平等的原则，而这一原则是国际秩序的基石。在遵守人权法相关限制的前提下，每个国家都有权选择禁止某些行为，无论其他国家有什么看法。当然，这样做是否明智或合理，完全是另外一回事了。国际法对一国的管辖权设定了限制，但没有规定该国必须如何行使其管辖权。

当某人返回自己的国家时，该国可以针对他在国外从事过的行为提起诉讼，即使其行为在发生地是合法的。叛国罪和类似罪行再次成为典型的例子：参加恐怖活动或在国外接受相关训练的人可能会在回国时遭到起诉。

相互冲突的政策可能会给有些人造成难题，他们面临不同
100 国家法律相互矛盾的要求，有时甚至出现这种情况：一国法律禁止他们做某事，而他们根据适用的另一国法律有合法权利或自由做此事。上文的例子曾提到，美国的反托拉斯法和其他贸易法与世界其他地区的法律制度是相抵触的。出现这种情况时，当前的倾向是有关国家当局之间首先通过务实的协商进行处理。起诉和采取监管措施都是酌情采取的行动，并且如果甲国可以提供充分理由，要求乙国避免对某项行为实施惩罚，例如，与犯罪有关的大多数证据都位于甲国，而且甲国打算起诉犯罪嫌疑人，乙国当局通常会决定不行使其管辖权，除非出于某些特殊原因乙国才会坚持要求自己继续追究此事。此类举措可能无法解决原则性问题，但至少可以将相互矛盾的法律的执行，限制在有关国家认为必须采取行动的情况下。

但是，在越来越多的领域中，各国有足够的共同利益，能够

就管辖权分配的原则达成共识。例如，任何国家都不可能公开宣称自己想要保护毒贩或恐怖分子的利益：所有国家都会表示，它们希望这些活动得到控制。因此，有些条约涉及某些类型的恐怖主义活动，例如劫持船只和飞机、劫持人质、滥杀滥伤和资助恐怖主义活动，这些条约要求缔约国确立对特定罪行的管辖权，并采取步骤在特定情况下执行其法律。许多此类条约都采用了"或引渡或起诉"的原则。同样，在环境法和经济法等领域，各国就基本政策和原则正在缓慢地逐渐达成共识。如果所有国家（或所涉条约的所有缔约国）基本上都采用相同的规则，那么在任何特定情况下，哪个国家实际适用本国法律，就不那么重要了。 101

超越法律但不凌驾于法律之上

华盛顿特区的书店曾经出售过外交车牌解读指南，使相关居民被非法停放的外交车辆激怒时，可以将其怒火指向正确的方向。大多数国家首都的居民也会遭遇类似的挫折。外国外交官享有豁免权，其工作人员和家属享有较为有限的豁免权，这种安排旨在确保外交官不受地方当局的骚扰，并便利其履行公职；但这并不能消除这种普遍的看法：外交官实际上凌驾于法律之上。这种看法又因为以下事实而得到固化：当地警察无权进入外国使馆，或者在外国使馆内执法。因此，为了抓捕维基解密创始人朱利安·阿桑奇，伦敦警察在厄瓜多尔大使馆外驻扎了多年，阿桑奇于2012年6月进入该使馆避难。阿桑奇先生不是外交官，如果他走出了使馆这个不容侵犯的场所，将被立即逮捕并引渡至瑞典。

外国的外交官和领事并不凌驾于法律之上；但是他们不在警方管辖范围之内。根据《维也纳外交关系公约》，他们享有免税和免交市政费的特定豁免权。伦敦开始按日征收交通拥堵费之后，引发了争议，有些外国使馆认为这是一种税，但伦敦交通局认为这是为供给特定服务所收费用，是国际法允许的收费。在伦敦收取交通拥堵费的头十年中，该争议导致外交车辆未付的罚款达到8 200万英镑。但是，除了此类特定的豁免之外，外交官接受法律的约束，并且必须像所有其他人那样遵守法律。他们只是不会成为执法的对象。不得逮捕或拘留外交官；不得进入使领馆馆舍；不得扣押外交机构的财产。如果外交官被指控犯有罪行，解决办法是宣布他（她）为“不受欢迎的人”并加以驱逐。在实践中，为避免尴尬，派遣国当局往往会将行为不端
102 的外交官送回国。

国家享有类似的执法管辖的豁免权。不能强迫外国在本国出庭受审；不能像扣押私人财产以偿还债务那样扣押国家的财产；并且不能对国家处以罚款，法院也不能对国家下达禁令。在各国政府将自己的职能局限于政治和治理的时代，从本质上说，政府是君主权力的工具，各国君主平等（以及后来的各国主权平等）的观念提供了一国不强迫另一国遵守其法律的理由。

国家豁免曾经是绝对的，因此不得起诉某个国家。但是在过去的一个世纪中，各国越来越多地从事显而易见的商业活动。如果一家公司提供建造房屋或工厂用的水泥，购买方却不支付发票货款，假如购买方是私人承包商，该公司应该能够就此提起诉讼，但如果购买方是政府，该公司就不能，这似乎并不公平。假设某航运公司或航空公司损坏了其承运的货物，该公司如果

是国有的就可以免于被起诉，而该公司如果是私有的就不可以，这是为什么呢？在苏联、中国等国家，中央计划经济一度兴起，有很多行业的企业参与世界市场的竞争，导致这个问题变得更加显著。西方国家开始制定法律，撤销商业交易相关案件中的国家豁免，仅针对国家“公共的”、政府的行为保留豁免。尽管仍然存在一些棘手的问题，例如如何界定具有商业性质但具有“公共”目的的交易（为军队购买靴子是常举的例子），但国际共识如今支持“有限豁免”这种观念。有限豁免已成为习惯国际法的一般规则，体现在联合国于2004年通过的《国家及其财产管辖豁免公约》中。 103

管辖权：国际法的一个主要工具

管辖权是国家行使其职能的概念框架。管辖权明确了各国政府规范人们行为和实施治理的权力和法律权限的边界；管辖权使各国政府能够达成协议，并通过协议进行合作，以实现共同的目标。管辖权确保各国的独立权利，也是各国相互依存的手段。管辖权让各国分化，又团结了各国。

第六章和第七章将探讨使用该概念框架可以实现哪些目的，又面临哪些限制。仅仅因为某个特定目标是好的，并不意味着制定法律迫使人们追求该目标将有助于实现该目标；仅仅因为存在一项法律，并不意味着在任何可能的情况下都尝试执行这项法律是有用的。法律在某些方面作用发挥得好，而在某些方面作用发挥得不好。和其他工匠一样，明智的律师顺势而为。 104

第六章

国际法所擅长的领域

法律最有效的地方在于它体现了整个社会中已经牢固树立并普遍持有的目标和价值观——这时法律的作用是固化和规范人们的行为，而不是改变人们的行为。这一点显而易见，没有理由感到失望。世界上很少有什么痛苦和不幸是人们有意制定政策造成的预期结果。多数痛苦和不幸是人们缺乏意志力、资源或远见卓识所致。

对国际关系状况的看法往往存在矛盾。一方面，有一种倾向认为，正如解放神学家所说，我们每个人都必须饮自己井里的水。人们必须为自己的自由和自己的未来而战，因为外来干预通常会失败，如果外来干预成功了，通常也会导致某种新型殖民主义。如果某国腐败和任人唯亲的现象盛行，提供对外援助或推翻该国政权的唯一结果，就是让另一个可怕的盗贼政权站稳脚跟，此举还有什么意义呢？如果外国派兵作战保护某国人民免受其政府或叛乱政权的危害，但保护者随后离开该国，而该国恢复到原来的状态，那么外国岂不是白忙一场？为什么不让人们安静地过自己的生活呢？我们为什么不能切断我们与外国利益之间的联系纽带？

另一方面，还有一种更倾向于社群主义的观点。我们怎能
放任恐怖分子在中东活动或任由疾病在非洲国家肆虐？如果不 105
加以制止，这些威胁将很快来到我们家门口。如果解决了原籍国的贫困和歧视问题，还会存在人口贩卖和非法移民这样的问题吗？解决全球变暖问题的负担不能在各国之间公平地分配吗？

国际社会生活实际上介于孤立主义和国际主义这两个极端之间。我们试图在某些时候、某些地方以某些方式帮助我们的人类同胞。但是我们实际上并不为他们的福祉承担全部责任。各国政府确实互相帮助，但它们这样做是自己的选择，而不是因为它们觉得有义务这样做：一国政府始终要首先忠于本国人民，因为人民可以更换政府或切断其资金来源；而且可以这么讲，如果可以忽略某个外国问题，那么大多数政府将倾向于忽略该问题。尽管如此，目前国际合作的程度还是令人惊讶的，这引发了各国在什么情况下选择合作以及它们如何开展合作的问题。

要点很明确：在各国认同要实现的目标时，它们会在制定和适用国际法方面进行合作，以便运用法律体现它们之间的自愿合作，而不是运用法律把规则强加给它们。确实，也许只有胜利者强加给战败国的和平条约，才可以说是违反一国意愿而强加的国际法规则（在现代实践中，和平条约往往让位于有关实体之间合作性更强的过渡性安排），而濒临破产深渊的国家为了获得国际纾困要接受的条件，可能也称得上是强加的国际法规则。在其他领域，即便面临国内或国际压力，各国也勉强同意达成合
作协议。 106

国家为什么合作以及如何合作

协议机制可以采取不同的形式。在某些问题上，所有国家或实际上所有国家真的都持有同一立场。例如，各国均认为酷刑是不可接受的。至于什么行为实际上构成酷刑，各国可能存在分歧：正是此类分歧导致了关于水刑的辩论。有的国家甚至持有心理保留，认为在“定时炸弹”即将爆炸等极端情况下，可以无奈地将酷刑视为解决问题的最后手段。联合国《禁止酷刑公约》的缔约国名单中，肯定包括据说实施酷刑的一些国家。但是，没有哪个国家会真正表示支持维护国家例行实施酷刑的合法权利。

其次，对于某些问题，只要有规则就行，各国并不特别在意采用什么规则。例如在某个国家内部，有必要就车辆靠左还是靠右行驶做出决定，无论这个决定是否武断。有许多关于技术标准的国际协议，从米和千克的精确定义，到船舶和飞机的导航规则和信号代码，再到食品和药品的标签规定，都体现了这一点。

在一些问题上，各国对于应该采用什么规则确实有坚定的看法，不过它们还是认为最好就某项规则达成折中的协议，而不是完全放任自由或让混乱的规则相互冲突。例如，相关国家为了保护生态达成限制渔网规格的协议，或为全球各地的港口和机场所认定为“安全”的船舶和飞机制定设计规范，或确定食品和药品的纯度标准。

针对不同法律问题协调各国法律的许多公约也是如此，例
107 如关于遗嘱及遗嘱处置有效性和合同效力的规则：接受共同规

则可以更容易地处理个人之间具有某些国际因素的法律事务。众所周知的例子是《统一国际航空运输某些规则的华沙公约》，该公约就航空公司对行李遗失或损坏的责任范围等事项达成一致的规则：飞机票上通常都会提及《华沙公约》。这是国际私法（往往又称作"法律冲突"）的领域。国际私法是每个国家法律体系内的一套规则，确定哪个国家的民法适用于具有"涉外"因素的私人当事方之间的关系——例如，一位苏格兰男子和一位英格兰女子在意大利结婚，其婚姻是受意大利法律管辖，还是受苏格兰法律或英格兰法律管辖；或者一家美国公司和一家印度公司签订合同，为埃及的一个项目提供商品和服务，该合同是受美国某个州的法律管辖，还是受印度法律或埃及法律管辖。国际私法侧重于民法规定的个人权利、义务和权力，而且是由每个国家法律体系内的规则组成。相比之下，国际公法侧重于国家的权利、义务和权力，以及国家在刑法和税法等方面所体现的公共权力的范围；国际公法是由条约和习惯国际法等国际法规则组成。因此，每个国家的法律体系——英格兰法律、法国法律等——都有自己的国际私法规则，但是联合国国际贸易法委员会（UNCITRAL）和海牙国际私法会议等组织制定了统一的条约，在很大程度上缓解了各个国家法律之间差异引起的实际问题，这些差异会导致不同国家的法院在审理争端时为同样的法律问题给出不一样的答案。

这些例子表明了哪些因素会导致某些领域内达成的国际协议比其他领域更多。当然也存在介于中间的情况，以及各国热 108
衷于达成协议的其他理由；但大多数国际协议的签订反映了上述两种情况中的一种。

同样，一旦达成协议，共同利益自然会促使各国遵守其中许多协议。例如，出口食品的某个国家明知道进口国的例行检查会发现错误的食品标签，并可能导致商品下架、买方拒绝付款，为什么还要给出口食品标注错误的信息？

但是，在某些情况下，当其他国家遵守商定的规则时，某国违反规则却会受益。关于渔获量的限制就是一个例子。如果其他所有国家都遵守规则，而甲国没有遵守规则，那么鱼类资源可能越来越丰富，使甲国受益，但甲国却未对渔业资源保护和渔业管理做出任何贡献。这是“搭便车”的问题。甲国受益，而其他所有国家付出了代价。国际标准的内在倾向是相当宽松，搭便车现象是背后的原因之一。如果标准太严格，一些国家可能根本不接受这些标准。制定足够宽松的标准，以便让相关活动的所有重要参与者都接受，这样所有关键国家至少都受某些标准的约束，这要好过制定更严格的标准却导致一些国家拒绝接受。

关于各国为何达成一致，再讲最后一点。尽管有时人们认为法律应禁止一切坏事，但大多数人意识到，法律是一门艺术，要做可能的事。制定各方无法相对容易地遵守的规则，是毫无意义的。环境法清楚地说明了这一点。1987年《关于消耗臭氧层物质的蒙特利尔议定书》达成了关于禁止在气雾剂中使用氯氟烃的普遍协议；但是关于采取重大行动防止气候变化的协议难以达成，而且似乎仍然遥遥无期。为什么？答案是，只是在买
109 方能够得到具有商业吸引力的替代性推进剂，并且制造商可以转而生产其他产品的情况下，对氯氟烃的禁令才得以通过。尽管并非毫不费力，但实施禁令显然在实现预期目标方面既可行又有效。对于气候变化，行动的成本很高，在各国之间分配不

均，而且人们对任何特定措施的效力仍然存在疑问。事实证明，要找到折衷的办法同样也很困难：同意必须做某事比确切地同意要做什么，何时应完成，由谁来做，以及谁来买单要容易得多。此外，执行任何协议必需采取的行动，将涉及社会生活的所有方面，包括运输、能源、税收、贸易、城市规划等，并且没有哪一个政府部门的职权范围可以涵盖所有相关行动，因此相应地，各国很难确定其谈判立场，也难以派出有权达成哪怕是暂时性妥协的谈判者。正如联合国气候变化问题特使在2014年利马回合谈判之后所说的那样，谈判取得了足够的进展，“可以使多边进程得以延续，但没有足够的进展使人们相信世界已准备好通过一项公平的、雄心勃勃的、具有法律约束力的气候协议”。

促进合作

到目前为止，本书提到的例子都设想了规定性协议：这些协议采用某些规则或标准，要求人们做或不做某些事情，而缔约国必须遵守这些规则或标准，无论是按要求为果酱罐贴上适当的标签，还是禁止酷刑或奴役。但是，这些并不是唯一的国际合作。有些协定是授权性协定，旨在促进业务的实施，而不是规定规则或标准。

不同法律制度之间的合作就是一个例子。例如，有些条约是关于判决的相互承认和执行，以确保某个缔约国的法院做出 110
的判决，其效力将得到另一个缔约国法院的承认，就好像该判决是后者自己做出的判决一样，并且把所需的正式手续减少至最低程度。其他一些公约规定了如何在国外送达法律文件，以及规定各国之间如何相互协助，以搜集证据处理刑事事项，进行税务调查，以及规定人们如何获取社会保障和医疗援助。欧洲委员会在这一领域特别活跃。除《欧洲人权公约》外，欧洲委员会还制定了约200项其他条约，旨在促进各国在“经济、社会、文化、科学、法律和行政事务中采取共同行动”。专门的国际机构，例如世界知识产权组织和世界卫生组织，在其相应的领域内制定条约和其他文书。

还有一些协定着重为各国提供商讨的论坛，而不是为解决共同关心的问题建立特定机制。因此，必须将建立国际组织的条约视为国际法保障国际合作的例子。

最明显的例子是联合国。其主要功能是存在，而不是做任何事。在这里，来自世界各地的外交官聚集在一起，可以讨论他们选择的任何话题。在这里，达成了无数国际谅解，并就行动方针达成了协议和决定。当中只有很小的比例形成书面决议，更别说具有约束力的条约，但是谅解和协议非常重要。例如，不需要任何条约来支持诸如“志愿者联盟”之类的协同军事干预，而
111 此类干预正是后冷战时代非常引人注目的一个特征。

国际组织的数量众多：位于布鲁塞尔的国际协会联盟（UIA）列出了超过6.6万个国际组织，其中包括已经消亡和处于休眠状态的组织。大多数国际组织（包括国际协会联盟本身）都是非政府组织，但是有超过5 000个政府间组织。许多专门的国际组织都接纳（尚且）不是联合国会员国的国家。例如，联合国教育、科学及文化组织（UNESCO）有195个会员，其中包括巴勒斯坦和纽埃，但这两者都尚未成为联合国会员国。在国际组织中，通常每个国家都拥有相同的投票权数，而不论其规模或权力如何——因此，在联合国教科文组织中，纽埃拥有与中国相同的

投票权数，而中国人口是纽埃的一百万倍以上；但是也有例外，有些组织采取加权投票制。国际货币基金组织、世界银行和欧盟是其中最著名的，这些组织中成员国票数的相对多少反映了其经济实力或重要性。例如，在国际货币基金组织中，美国目前拥有421 961票（占总数的16.75%），而中国为95 996票，英国为108 122票，图瓦卢为755票。

在各国之间进行国际合作的这些例子中，共同点是合作的好处大于成本。通常，合作不是利他主义的体现，而是开明的利己之心的体现；国际活动的某些领域比其他领域更容易达成合作。

各国同意什么

即便是浏览2 600卷的可以在线查阅的《联合国条约汇编》中的一些内容，都会发现上世纪中叶以来各国已经达成的条约种类繁多——双边和多边条约；地方性、区域性和全球性条约。其他汇编，例如《国际联盟条约汇编》和各国条约集，则包含了较早年份的更多内容，其中有些仍然有效。总结这些条约特点 112
的任何尝试都必然有些武断和失真，但国际社会关注的一些焦点却很突出。

贸易与经济

可以说，最重要的国际合作领域是国际经济。拥有160名成员的世界贸易组织（WTO）根据1994年《马拉喀什建立世界贸易组织协定》成立，其前身是关税与贸易总协定（GATT），它是一个更具体的协议体系的核心机构，这些协议定义了全世界约95%的贸易所遵循的原则。各国在某个领域做出让步，在另一个领域取得收益，在两者之间达成平衡，从而形成了世贸组织成员可以接受的总体方案，其规范的内容不仅涉及关税和进口限制，而且还涉及补贴、技术性贸易壁垒、原产地规则、卫生和植物检疫措施，以及（更具争议的）与贸易有关的知识产权问题等等。世贸组织还管理着使用频繁的《关于争端解决规则与程序的谅解》，该文件规定，争端解决小组对违反贸易规则的指控进行裁决，包括欧盟禁止销售和进口含激素肉类产品的命令等问题引起的重大争议。

围绕这些问题达成的协议来之不易，世贸组织采取协商一致而不是多数表决来通过措施，许多人希望世贸组织在国际贸易政策发展中发挥积极作用，而现行决策方式经常损害世贸组织发挥积极作用的能力。但是，世贸组织已经建立的框架是相当大的成就。

该贸易框架得到国际货币体系的补充。在国际货币体系中，国际货币基金组织监督货币兑换规章，而世界银行集团为发展中国家和转型国家的重大项目提供支持。世界银行为其贷款
113 附加条件，这种做法提供了加强国际规则的重要机制：例如，对大型水坝项目的支持是以遵守国际环境标准为条件。国际货币基金组织的贷款条件问题更具争议性，有人指责国际货币基金组织被用作推广西方经济政策的工具，而此类政策对发展中经济体的作用值得怀疑。尽管如此，这些实体和相关机构，例如各个区域性开发银行，以及为国际债务重新协商提供论坛的所谓的巴黎俱乐部和伦敦俱乐部，在促进国际贸易和促进经济相互依存方面做了许多工作。

还有其他条约。上文已经提到了促进和保护投资的双边条约，促进知识产权纳入贸易框架的措施，以及协调各国规定的措施；国际运输和跨境劳工流动的公约也可以列入此类条约的清单。在这种情况下，国际法行之有效，因为尽管国际贸易往来面临的许多障碍可能是贸易保护主义政策造成的，但这些障碍往往以法律的形式呈现——要么是关于外汇管制等问题的明确规章，要么是各国法律制度差异间接造成的障碍。在目标得到明确界定、普遍接受的情况下，法律解决方案都适用于这两种障碍，比如放宽贸易限制。国际组织，例如国际劳工组织、国际民用航空组织、国际海事组织，以及与运输和电信基础设施有关的许多机构，在促进国际贸易方面也发挥着至关重要的作用。

人道主义法与人权

国际法取得巨大成功的第二个领域是人道主义法和人权领 114
域。人道主义法是国际法最古老的部分之一，而各国政府普遍希望在战争中避免造成不必要的痛苦，这是贯穿人道主义法发展历史的一条脆弱但至关重要的主线。人们喜欢认为，在对其他人使用武力时，他们是有理的一方，并且他们可以避免无谓的暴力。第四章所讨论的战争法正是出于这种关切；毫无疑问，通过澄清和加强对职业军事纪律的要求，战争法做出了非常重要的贡献，有助于减轻战争造成的痛苦和破坏。

在联合国时代，伟大的全球和区域性人权文件也是令人印象深刻的成就。当然，这些文件并非总是会得到遵守；当然，这些文件以鲜明的措辞主张可能永远不会完全实现的非常广泛的权利。但重要的是阐明了国际上商定的标准，根据这些标准来衡量各国的行为。在过去的七十年中，没有哪个国家的政府能够坚持认为，一国对待其国民的方式与国际法无关，或者认为任何国家都无权关注此类事务。区域性人权法院、国际刑事法院和接收各国报告的监督委员会（例如，关于酷刑、儿童权利、对妇女的歧视、流动工人的权利以及残疾人权利等人权问题的联合国诸委员会）使各国始终考虑并在政策制定中注意人权问题。

有时明知真相的政客会宣扬关于人权的都市传奇故事，例如“某人逃脱了被驱逐出境的命运，因为他在英国养了一只宠物猫”，这些故事只会误导人们。这些故事大多数根本是不真实的。但是，即使其中有一些真实的因素，解决方案也肯定是国家当局必须更明智地应用国际人权标准，而不是放弃任何文明社
115 会都不能容忍某些恶劣行为这一观念，即使有些国家的政府确实试图在幕后从事此类行为。

环境保护

越来越多的证据表明，人类面临大规模的环境和生态威胁。全球变暖、自然栖息地遭到破坏以及物种以惊人的速度灭绝，这些问题现在已成为全球各国小学教育的日常内容。国际法在该领域取得了一些重大成就。

污染并不会受到国界的限制；任何试图控制一个国家境内超过局部污染的严肃尝试，都需要国际合作。为了实现国际合作，需要同时具备以下几个因素：对问题的共同认识；在技术上和经济上可行的解决方案，能够为缓解问题做出重大贡献；以及在大多数情况下，要理解行动的成本和收益将以广泛公平的方式在各国之间分配。在某些领域，同时具备了这些因素。

海洋污染是其中之一。随着船舶设计和设备的进步，有意和无意排放的石油和其他污染物造成的污染大大减少，这一潜在的利益得以实现，得益于在国际海事组织的主持下通过并实施了一系列国际协定。这些协定设法以有序的方式、负担得起的价格逐步推广新技术，而且覆盖的船舶吨位总数占到了世界的绝大多数，这样胡作非为的船东将无法通过经营不合格的船舶来提供更便宜的服务，在市场上抢生意。在国际法领域，关于船舶设计和操作标准的协议得到了其他协议的进一步加强，这
些协议协调世界各地港口当局的活动，确保从事国际贸易的船 116
舶在航行途中经常在各个港口接受检查，受到有效监控，以确保其遵守国际标准。

在生态领域有类似的成功案例。许多物种遭遇过度捕捞、狩猎，面临灭绝的真正危险，而规范捕鱼和狩猎的公约保护了这些物种。联合国世界环境与发展委员会和类似的倡议提出并完善了“可持续发展”之类的概念，而各个国家和商业机构在其规划中采用了这些概念，使人们更容易理解环境问题和解决环境问题的战略设计。《濒危野生动植物种国际贸易公约》（见图8）和《生物多样性公约》等条约对环境管理的发展产生了巨大而有益的影响。例如，在当今世界上，几乎没有哪个大型土木工程项目不会在其项目计划阶段例行开展环境影响研究，无论该研
究的实施者是承包商、出资者，还是东道国政府。 117

这些例子说明了关键的一点。国际法和国际标准的主要价值和实际影响不在于国际法院或法庭的裁决，也不在于国际组织的决议，而是在于政府和私营机构将规则和标准内化于心，因此遵守规则和标准成为第二天性。与环境法一样，贸易政策、人

图8　打击非法象牙贸易

道主义法和人权法的发展也是如此。实际上，在全部国际活动的范围内都是如此。

犯罪与惩罚

国际合作取得成功的第四个重点领域是制止犯罪活动。只有通过各国政府之间的合作才能解决毒品交易、洗钱、腐败、制造假冒商品和药品、网络犯罪和恐怖主义等犯罪活动；而国际法是达成协议和谅解的天然工具，以确保这种合作。国际刑警组织有190个成员国，维护着连接各国警察队伍的全球网络，并促进各国警察之间的日常合作。联合国毒品和犯罪问题办公室的工作重点是针对值得特别关注的特定种类犯罪活动制定战略和政策。为克服起诉国际罪行面临的管辖权障碍，国际社会起草了许多条约，这些条约也规定了各国当局之间的合作事项。

这是法律能够很好地促进国际行动的另一个领域，因为许
多困难本质上是法律问题。海盗问题就是一个很好的例子。一
些欧洲国家的海军开展合作，在印度洋水域巡逻，以防止海盗行
为或逮捕海盗。海盗行为早已被确立为一种“国际犯罪”，任何
国家都可以起诉其在公海逮捕的海盗；但是，这在某些情况下是
不现实的，例如，一艘英国军舰不可能每逮捕一名海盗就驶回英 118
国，移交英国法庭进行审判。在附近的沿海国审判被告，是更合
理的做法。但是要做到这一点，就必须按照未来审判活动所在
国家法律要求的方式实施逮捕、收集证据。此外，由于被告是由
英国当局移交他国审判，因此英国当局必须确信他国实施的审
判和惩罚符合英国根据人权条约承担的义务。有些国际协议确
立了适当的程序，使肯尼亚等国可以审判被控告的海盗，以便使
国际社会为解决海盗问题而做出的努力得以继续。当然，这些
协议并不是万灵药。有些很明显的问题，例如肯尼亚为此承担
的巨大成本，以及滋生海盗行为的社会和经济条件都是必须加
以解决的问题。但使法律规则和程序保持一致，是为务实合作
扫清道路的必要步骤。

此类例子还有很多，但没有必要再举其他例子。关键是最
好将国际法看作一种做事的方式；实际上，任何可以用文字表达
的国际安排都可以成为法律，并将该安排确定下来，以备将来参
照。但是，有些事情国际法并不擅长，而第七章谈论的就是这些
方面。 119

第七章

国际法做不好的(或不能发挥作用的)领域

国际法实质上是一种语言(类似于计算机编程语言),用于记录国家之间关于原则和目标的一致意见。一旦达成一致意见,将其以条约的形式写入法律,或从各国实践中将其归纳出来形成习惯国际法的规则,都不是特别困难的事。一旦阐明了规则,各方遵守规则的情况通常是大体令人满意的。熟练的国际法学者可以确定共同立场的关键领域,并以适当的机制将这些领域整合在一起,以监督履约情况、解决争端,从而建立起一种健全的法律制度,促进商定原则和目标的实施。但是,在不存在共识的情况下,国际法不能产生协议。

因此,在各国利益存在重大分歧的国际问题上,不太适合用国际法推广创新的解决方案。例如,在气候变化和保护专利药的商业利益方面,就是这种情况。发展中国家可能认为,必须允许本国在经济发展中使用相对“肮脏”的老旧技术,以便在一定时期内实现增长,就像工业革命后两个多世纪里发达国家做过
120 的那样;并且发展中国家可能会认为,如果人们迫切需要新药,

而且该国有能力生产并以便宜的价格销售仿制药，应该允许它这样做。发达国家可能认为，避免环境灾难的负担必须由所有国家共同承担，而且分担方式不会显著破坏不同经济体的相对竞争力；并且发达国家可能会认为，除非制药公司可以在有限的专利保护期内凭借药品获取高额利润来收回研发成本，否则研发工作将会停滞，从而损害制药公司和广大民众的健康。

解决诸如此类的争论，并不是法学家的职责。法学家或许能够拟定关于法律义务的条款，根据东道国的经济繁荣程度规定实施环境控制的时间表，并对旧厂房和设备进行会计减计处理，或者设计一个方案，界定一国在何种情况下可以发出强制许可，允许生产应对流行病所需的专利药品。但是法学家没有特别的能力或权力来决定是否应该接受任何此类解决方案。这是一个政治选择。大多数法学家缺乏相关专业知识，无法判断此类解决方案在经济上或商业上是否合理，更不用说可靠地预测其对就业或竞争力的影响。

同样，法学家可以回答某项军事行动依据国际法是否合法的问题。但是法学家并没有特殊能力可以指出实施合法的军事行动是否符合道义；法学家更没法指出实施这项行动是否会带来足够的军事或政治优势。关于相关国家在伊拉克、利比亚、阿富汗或其他任何地方开展的军事行动，无论围绕其合法性的辩论多么激烈，这个问题都没有定论。仅仅因为有做某事的权利，并不意味着做某事是正确的。 121

还有相关的一点，即国际法本身不能达成国际正义。尽管执行国际法的最高法院被命名为国际法院，并且《联合国宪章》坚持以“依正义及国际法之原则”和维持“国际和平、安全及正义”为目标，但国际法律制度中通行的仍是法律，而不是正义。因此，在裁决各国之间的海上边界时，国际法院已明确指出，它认为自己不能追求纠正或重新分配正义。不应因为某个沿海国贫穷或海岸线较短，就把该国海岸附近海域的更大份额分配给该国作为补偿。同样，关于不平等条约或恶债的观点未能在国际法中扎根，此类观点认为，可以推翻某国过去接受的协议，因为其条款被认为是非常不公平的，具有压迫性。

如果我们将诸如正义之类的概念，无论以何种形式，从国内层面转移到国际层面，都要面临风险。民主选举的政府一方面对其选民和其国内的其他人负有责任，另一方面对其他国家的公民和全人类负有责任，协调这两者的难度太大了，以至于不可能使“正义”成为国际法中权利或义务的独立来源。国际法可能经常适用于这类情况：一国或另一国似乎必须不自愿地承担某种责任。某国由于必须应对国内饥荒而无法偿还国际债务，或者被赶下台的政府因腐败或挪用了国家资金已经欠下巨额债务，无论人们多么同情现政府，该国仍然有义务偿还债务。法律可以规定法律权利和义务的执行，而向有需要的人提供援助和帮助是政策问题。法律能够理解权利和义务，却难以理解同情
122 和宽恕的概念。虽然法律是执行政策的宝贵工具，这些政策旨在使世界更加公正——在关贸总协定和世贸组织框架内，发展中国家被给予特殊的优惠待遇，就是一个很好的例子——但是法律凭借自身力量不会奇迹般地促成正义和公平。

国际法也无法确保其自身得到执行。如果一国执意无视其法律义务，其他国家可以对该国施加制裁，个人也可以对该国进行抵制。但是，没有什么法律仅凭本身就能强迫一个国家改变

其行为。

法律是一种手段；当律师是一门职业。两者都不能超越其自然限制太远。这意味着，至少在目前，在某些领域，国际法不太可能对人类福祉做出很大贡献。国际法不会减少贫困或疾病；国际法不会使世界各国的预期寿命或收入实现均等，或者使人们均等地获得水资源或教育。国际法可以用来表达各国为实现这些目标而达成的协议并使其生效；但国际法的作用仅限于此。法律永远无法建立起非常完善的制度，以至于人们不再需要善良。 123

索　引

（条目后的数字为原书页码，
见本书边码）

T

U

V

W

Y

Vaughan Lowe

INTERNATIONAL LAW

A Very Short Introduction

Contents

List of illustrations

Chapter 1
Nations under law

Man is born in chains: but everywhere thinks himself free. None of us could survive for long—let alone lead a productive and rewarding life—if we suddenly had to provide our own food, drink, power, clothing, and so on, without the assistance of others. Those of us who live in urban environments are particularly dependent upon others who provide the services and technology which, barely noticed, support our lives. The debt and dependence is, indeed, an intergenerational matter. We may know that we can make fire by rubbing sticks together, iron by smelting, and microchips by using computerized machines; but were we to start from the raw materials that the earth provides, the process of making tools to mine the earth, building engines to power industrialized production, and achieving the level of mechanical precision and intellectual skill necessary to progress to the manufacture of, say, a microchip would not only take far longer than any one lifetime, it would probably outstrip mankind's social ability to organize long-term projects. Our civilization is held together by a fragile web of interdependence.

It is obvious that man is a social animal, who can survive only in a society—that every individual is chained to a society as a necessary condition of his or her individual survival. The existence of what some think of as the personal wealth, possessions, and entitlements of an individual is in truth possible only by virtue of the collaboration of all the other individuals who make up that society. Yet it is equally clear that one of the most powerful of the forces driving both individual and social development is the idea of freedom, whether as a goal, an aspiration, a principle, a right, a duty, or in some other didactic role. This relationship between freedom and society is epitomized in the national anthems of the world. These are the words that governments like us to sing in order to affirm our solidarity, our identity as a 'people', and, of course, our allegiance to our governments: and 'freedom' is by far the most common theme to be found in these anthems.

The contrast between the fact of the radical dependence of individuals upon society and the pervasive assertion of freedom may seem a trite observation. Fundamental truths often do: their interest lies in working out their implications and corollaries. The significant corollary here is that the function of international law, at the most basic level, is to secure the coexistence of sovereign States. It creates the ordering of societies and of relationships between societies, and the body of rules and principles, through which the paradox of the chained man's defiant affirmation of his freedom is worked out on the international scale (see Figure 1).

The myth of the sovereign State

International lawyers naturally think of that ordering in terms of relations between States. Whatever the nature of the State, whether it is a democracy or a theocracy, liberal or repressive, egalitarian or elitist or whatever, it is the State which stands as the most prominent social unit within which the rules and values that are the main external constraints on individual action are articulated.

The focus upon the State is a working assumption, a matter of choice and characterization, rather than a conclusion derived from the observation of how people around the world in fact relate

1. What rules are necessary to ensure that States can coexist?

to one another. In practice, people organize themselves in, or join, or are born into, a range of different groups: families, tribes, cities, professions, religions, denominations, political parties, provinces, nations, confederations, States, regions, and so on—though not endless, the list is lengthy. Individual identities are the products of combinations of these allegiances, and of the abandonment or rejection of such allegiances.

If, at some time or in some context, the most influential and relevant distinction were that focused upon what city or region we live in, or our religious affiliation, or what football team we support or what computer operating system we use, we would expect to see the daily news and political debate and written histories that constitute the public narrative of social life to be constructed to reflect that different focus. Indeed, it is normal for such different focuses to coexist: local news programmes come after the national and international news on the television; national newspapers, local newspapers, and gossip reflect the different circles of our social interests. Anyone who lives solely on one plane of social life is probably a saint or an obsessive bore. But, at least for those concerned with international affairs, whose view of the world is formed by national or international newspapers and television, the primary unit of political and economic organization is still the State—the independent sovereign State, whose essence is that it is subject to the authority of no other body, and that its relations with other groups are a matter of its consent and agreement rather than of obligation and direction by some other body to which it is subordinate.

This independence enjoyed by States manifests itself most obviously as a matter of political principle. Those in power routinely affirm and observe the principles of the sovereign equality and independence of States in their dealings with those in other countries. These principles determine who can routinely tell whom to do what, with the expectation of obedience driven by a sense of obligation. The police, local government agencies, the army, and so on routinely obey the laws and orders laid down by the central government of their own State, and not the laws and orders of any other State or body. Instructions emanating from other quarters are taken as signs of a 'loss of sovereignty', much as medieval doctors took irritability and envy as signs of a surplus of bile. Sovereignty means that all States are equal: each has the right not to be dictated to by the others.

In practice, of course, the position is different. Many States around the world commonly defer to the wishes of a local, regional, or global superpower—much as individuals who have in principle the dignity of independence and equality before the law tend to show a particular regard for the wishes of employers, police officers, hostage-takers, and others in a position to do them significant good or significant harm.

The size and the boundaries of the social group that is treated as an independent State are themselves somewhat arbitrary. Whole groups of what might have taken the form of separate States have come together under the umbrella of a single State. The individual states, such as Hawaii, California, Alaska, and New Hampshire, which make up the United States of America provide one example. The individual republics, such as Georgia, Azerbaijan, Russia, and Belarus, which, until 1991, made up the USSR, offer another. Conversely, the break-up of the USSR, and Yugoslavia, and Sudan has demonstrated that a single State that has existed for many years may fragment into smaller units.

It is the arbitrariness of these groupings that lies behind many international conflicts. Chechen separatists think that Chechnya should not be wrapped in as part of Russia; Tamil Tigers thought that there should be a separate State of Tamil Eelam in the north of Sri Lanka; Ukrainian separatists wish to break away from Ukraine and reunite with Russia. There are, on the other hand, those who think that a federal project should be pursued within Europe, welding the Member States of the European Union into a single federal State.

The separation and combination of social units, whatever their scale or nature, is rarely revolutionary. It usually takes place through gradual transfers of particular powers between governmental authorities: devolution of certain powers from central to local government, transfers of powers from Member States to the European Commission, and so on. Over time, some units become more important, and others less so. The waxing and waning of the relative powers of cities, principalities, States, and the EU in Europe over the past thousand years is a good example.

The relations between these and other social units are addressed by various bodies of law. Constitutional law looks at the internal structure of the State and matters such as the relationship between central and local government; EU law looks at the structure of the EU and its relationship with the governments, legislatures, and courts of Member States, and at its outward relations with non-EU States; and so on. International law focuses on the relationship between independent sovereign States. It is one among many cross-sections that can be cut through the structures of social and political life.

Sovereign equality

The idea of the sovereign State is one of the mythical principles that have underpinned political life for the past two or three centuries, since the decline of the ordering of political relations upon the basis of empires, religious or secular. The idea of sovereignty—or, more precisely, of sovereign equality—is the international equivalent of the principle that men are born and remain free and equal in rights—or, as one lapel badge has it, 'remember you're unique; just like everyone else'. In international law, this principle is reflected in Article 2 of the UN Charter, which records that the UN 'is based on the principle of the sovereign equality of all of its Members'.

China (estimated population in 2014, according to the *CIA Factbook*, 1,356 million; approximate area 9.6 million square kilometres) and Nauru (estimated population 9,488; approximate area 21 square kilometres) are equal sovereign States, and each of them has one vote as a Member State in the UN General Assembly. China can no more compel Nauru to sign up to, say, the Convention on Climate Change than Nauru can compel China to do so—though both States have in fact chosen to become parties to that particular treaty. As in human life, vast differences in power and wealth are not allowed to extinguish the principle that in the eyes of the law (if nowhere else) neither can force its will upon the other.

The real value of the principle of sovereign equality to any particular State is an interesting question; but its importance to the international legal system is very great. It generates the fundamental features of the architecture of the system.

Every State is free to make treaties with other States, and no treaty is binding upon a State unless it has agreed to become a party to it. Every State may by its conduct seek to initiate a new rule of customary international law. In the great majority of international organizations where decisions are taken by majority vote, the vote of each State is equal. (There are exceptions, such as the International Monetary Fund and the European Union, in which votes are weighted to reflect the relative importance of States within the context of the activities of the organization: i.e. the relative international importance of their economies.) Every State is entitled to the same degree of immunity for its actions and for its diplomats from the jurisdiction of the courts of every other State. And so on.

Some States are, of course, very much more active and influential than others. But even small States can have a considerable influence. Malta played a crucial role in the major reform of the law of the sea, which governs the legal regime for 70 per cent of the area of the globe, in the 1980s; and some of the most significant developments in that area of the law in earlier years had been initiated by States such as Peru, Chile, and Ecuador. A good deal depends upon the personal qualities of the representatives of the State. A visionary and skilled ambassador or Foreign Minister can wield an influence wholly disproportionate to the size of the State that he or she represents. But in a world where ideas are disseminated with astonishing rapidity, it may matter little who first articulates a concept that meets the need of the time. Who now remembers the origins of the calls for treaties for the repression of bribery or torture or government subsidies for exports?

The implications of the principle of sovereign equality are worked out in specific rules of international law. For example, the Vienna Convention on the Law of Treaties stipulates that treaties procured by coercion are void, thus reflecting the principle that each State must freely give its consent to be bound by a treaty and that no State has the right to impose its will on another. There are, as will be seen in the following pages, prohibitions on the threat or use of force by one State against any other State, and upon economic coercion. More subtly, the equality of States is protected by the principles governing the jurisdiction of States—the extent to which a State can subject people and transactions to its laws and its courts. These principles protect the ability of each State to decide for itself what kind of society it will seek to maintain within its borders through the operation of its own domestic law (or 'municipal law', as the law applicable within a State or part of a State—e.g. English law or Scots law—is sometimes called).

The centrality of the State in the international legal system leads to a commonly held view that the history of international law runs parallel with the history of the State as a political concept. The modern State system is sometimes said to date from the Peace of Westphalia in the mid-17th century, or from the rise of the Italian city-States during the Renaissance; and international law is said to have found its feet as a scholarly and professional discipline in the works of Hugo Grotius, the 17th-century Dutch polymath and diplomat, and his successors such as Emerich de Vattel. That is rather hard on writers such as Alberico Gentili, an Oxford professor whose work precedes and more than matches that of Grotius for its legal sophistication, and even earlier jurists such as Vitoria and Suarez, who debated the legal aspects of the Spanish imperial conquest of the new world. But such potted histories miss the point, in three main ways.

First, there have always been intercommunal relations. Even before the European system of independent States became the norm, empires dealt with neighbouring empires and States and vassals. Second, there is outside Europe a rich, and much older, history of writings that are as much 'international law' as the writings of Grotius. The work of the 9th-century Iraqi jurist Shaybānī, and the Indian Kautilya, more than a thousand years earlier, are the best known. And, third, books are in my view the wrong focus. It is bureaucracy and habit that carries the soul of international law; lawyers merely systematize it. There is a continuity in the principles and rituals applied in dealings between 21st-century States that can be traced back to the earliest dealings of diplomats and agents and messengers moving between political communities. Ancient Babylonian treaties are recognizably the same kinds of act and instrument as modern treaties. If a beginning is sought for international law, it lies at the time that a professional assistant to some chief or king first recorded for the benefit of other officials the promises made by foreign rulers and ways of dealing with foreign communities (including 'proper' ways of waging war against them).

States and peoples

The world is currently divided up among almost 200 sovereign States. The number is approximate because from time to time old States disappear and new States emerge. Malaysia and the United Arab Emirates, for example, were formed by the federation of States that had, earlier in their histories and prior to periods of colonial rule, been independent. Conversely, many new States emerged during the years of decolonization, when former colonies gained their independence from the Great Powers which had previously conducted the international relations of what were sometimes called their 'overseas possessions'.

Decolonization is the main reason that the number of sovereign States has more than trebled since 1945. Other States emerged from the break-up of what had become (often as a result of the earlier fusion of independent states or principalities) single States, such as the Soviet Union and Yugoslavia.

Such States can at least be counted; but there are also entities such as the 'Turkish Republic of Northern Cyprus' (the 'TRNC') and, formerly, the South African Bantustans such as Transkei and Ciskei which have claimed to be States but have been recognized by no States other than the State (Turkey, and South Africa, respectively) which purported to establish them. Similarly, there are entities such as Palestine and Kosovo, which assert their Statehood and are recognized by many, but not (yet) by all other States. The position of such entities is often unclear; but the lack of clarity arises primarily from the unwillingness of some or all States to accept what are usually clear conclusions that would result from the impartial application of rules of international law. It is political opposition that keeps Palestine out of the United Nations, for example, and not any failure to fulfil the legal conditions for Statehood.

As a matter of international law, in order to be a State it is necessary for an entity to have a permanent population. One reason that Antarctica could not be a sovereign State is that it has no inhabitants: it has only visiting scientists and tourists. (The general view is that Antarctica is owned by no one; but a handful of States including the UK, France, and Australia lay claim to parts of it.) The population must also be organized under an effective government, able to command or compel the obedience of most of the people most of the time. It is a central purpose of a system of States that dealings among them should be conducted on the basis that there is one effective authority to represent each and every society and area on the planet, with the rights and responsibilities that flow from that premise.

The requirement that each State must have a physical territory, even if very small, is one of the essential conditions of Statehood under international law. Lands originally came under the rule of a particular sovereign by conquest; and conquest was recognized until the first part of the 20th century as a lawful means of acquiring territory. Nowadays title to territory can change only by peaceful means, such as the cession of the territory by treaty, or the long and unchallenged occupation of territory that can give rise to a title based upon prescription. It is not necessary that the entire course of the borders of a State should be precisely fixed. Israel was recognized as a State before its borders were wholly settled, as was India. But there must be a clear view that there is a State in existence in a particular location, even if its exact boundaries may remain to be determined.

No matter how refined the virtual worlds of cyberspace might be, they do not feature on the map of international relations. One should be cautious, however, in dismissing the possibility that virtual States might emerge. The Vatican City is accepted as a sovereign State, despite its tiny size (listed as zero in the *CIA World Factbook*, but in fact about 0.44 square kilometres) and small population (estimated as 842, and unlikely to be self-sustaining). Its modern Statehood was established by the 1929 Lateran Treaty; and the Holy See—a distinct juridical person which coexists with and has its seat in the State of Vatican City—is perceived as the representative of Roman Catholics (or perhaps more accurately of Roman Catholicism) worldwide. The Vatican City may be explained as an anomalous historical survival; but it appears to be generally accepted that it may continue to exercise its Statehood. There is no characteristic of Roman Catholicism that would today demand that level of representation in a way that, say, Islam or Hinduism would not; and it is difficult to see why a similar case should not be made out for the representation of other, non-religious, virtual societies. At present, however, every State needs a physical basis. Along with a permanent population and an effective government, territory is one of the criteria of legal Statehood.

There is generally said to be a fourth criterion: the capacity to enter into relations with other States, which is understood to require that the entity be free to decide upon and to conduct its own foreign policies, and not be subject to control by any other State—another manifestation of the sovereign equality principle. It is this last requirement of independence that explains why the 'TRNC' is not, and the South African Bantustans were not, recognized as States: they are considered to be wholly dependent upon Turkey and South Africa respectively.

Some States, and some international lawyers, take the view that there is also a fifth requirement, of what might be called 'legitimacy': that the entity has achieved the requisite independence in a manner consistent with international law. That offers another explanation for the non-recognition of the 'TRNC' and the Bantustans. The former was the product of the 1974 armed invasion of Cyprus by Turkey, and the latter of the implementation of the policy of apartheid, both being regarded by practically all other States as violations of international law. The question of the need for 'legitimacy' remains without a definitive answer, because it is a question that is unlikely to come before a tribunal for decision (although aspects of it arose in a 2010 Advisory Opinion of the International Court of Justice concerning the status of Kosovo). Judges in national courts will in practice follow the lead of their governments, which rarely explain why they do or do not recognize a new State; and on the international plane, the decision is in practice taken by the vote of the General Assembly acting on the recommendation of the Security Council, on an application by the putative State for UN membership—an application unlikely to be made until the candidate feels that it has sufficient support to succeed.

Self-determination

Those are the requirements of Statehood: the criteria that must be met if an entity wishes to be treated as a State. International law contains an important principle that gives a positive right to

Statehood. This is 'the principle of equal rights and self-determination of peoples', enshrined in Article 1 of the UN Charter. Often traced back to early Marxist texts such as the resolution on 'the full right of all nations to self-determination [*Selbstbestimmungsrecht*]' adopted by the 1896 London International Congress, it is difficult to separate self-determination from nationalism. The essence of the legal principle is that no people should be subject to alien domination, particularly of the colonial variety.

That is not to say that self-determination necessarily entails independence. A people may choose independence, but they may choose some form of free association with an independent State or even integration with an independent State. The people of the Falkland Islands/Malvinas and of Gibraltar, whom the British government regard as having the right of self-determination, remain British territories as a matter of choice, as determined by referenda on the subject.

The principle of self-determination attaches to a 'people'. Shared and distinct ethnicity, language, culture, and history are the kinds of characteristics that identify a 'people'. The Finns and the Saharwi, for example, are 'peoples'. In 1960, UN General Assembly resolution 1514 (XV) (the 'XV' refers to the annual session of the UN, measured from the date of its establishment in 1945), on the granting of independence to colonial countries and peoples, supplemented by resolution 1541 on the duty of States to develop self-government within any non-self-governing territories for which they were responsible, spelled out some of the details of the right of self-determination. There is, however, no authoritative definition of a 'people', although expert bodies have recommended criteria for determining 'peoplehood' and detailed analyses of the question have accompanied the decisions made in the context of events such as the break-up of Yugoslavia.

The reason for the lack of an authoritative definition is the acutely controversial nature of the question. Argentina and Spain have taken the view that 'planted' populations, such as those in the Malvinas/Falkland Islands and in Gibraltar, do not have a right of self-determination. Given the vagaries of human history, the idea that only autochthonous populations, rooted in the territory, have the right would severely limit the scope of self-determination, as consideration of the position of countries such as the USA and England makes clear. The objections to 'planted' populations are better seen as objections to particular vestiges of the colonial period.

There is a further and clearer qualification to the right of self-determination. UN General Assembly resolution 2625 (XXV)—the Declaration on Principles of International Law concerning Friendly Relations and Cooperation Among States in Accordance with the Charter of the United Nations—which was adopted by consensus in 1970, reflected the general understanding of States in stipulating that the right of self-determination does not authorize or encourage any action that would impair the territorial integrity or political unity of existing sovereign and independent States. While all States could agree upon the desirability of ending European colonialism, none wished to see the principle drafted in terms that would encourage domestic secessionist movements, such as the Basques, Tamils, Chechens, Scots, and many others, by giving them a legal right to secede (see Figure 2). It is not that such groups are denied all legal recognition; but they are treated as minorities entitled to special protection within States, sometimes under legal instruments such as the 1995 European Framework Convention on National Minorities, rather than as 'peoples' entitled to the right of self-determination.

Recognition of States and governments

Entities may fulfil the criteria for Statehood. Their people may, in addition, have the right of self-determination. But they may not be recognized as a State. Palestine is the most obvious example. The establishment by the UN in 1975 of the Committee on

2. The Basques are among the claimants to self-determination. This mural was painted on a wall in republican Belfast.

the Exercise of the Inalienable Rights of the Palestinian People clearly affirmed the right of the Palestinian people to self-determination; and the requirements of a permanent population, a territory with reasonably clearly defined borders, an effective government, and independence from other States are at least arguably as well met as they were in the case of some other entities when they were admitted to the UN as States. (While Israel is in military occupation of parts of Palestinian territory, Israel claims sovereignty only over certain parts of Palestinian territory—notably around Jerusalem—and does not claim that Palestine as a whole is legally subject to Israeli rule.) Yet Palestine is still not recognized as a State by the USA, Israel, and some other States, and has, indeed, had sanctions imposed upon it by Israel for having sought admission to the UN unilaterally and outside the framework of a comprehensive settlement with Israel of the Palestinian question.

The explanation for this paradoxical position is that although the legal criteria for Statehood may clearly be met, no entity can compel another to recognize it as a State. Recognition remains a high political act; and one State may refuse to recognize another purely as a matter of political discretion. A State may decide that at a given time political stability and justice are better served by non-recognition, as some States do not recognize Palestine and several States refuse to recognize Israel, although both of them meet the legal criteria of Statehood. Recognition is withheld in the hope of mounting pressure for a durable political settlement.

Recognition of one State by another is usually signalled by some formal step such as the exchange of diplomatic representatives; non-recognition is signalled by steps such as refusals to accept an unrecognized State as a party to an international treaty or to allow diplomatic representation of the entity, as well as by express statements.

An unrecognized State that fulfils the objective criteria of Statehood cannot, however, be treated as non-existent. No State is entitled to invade the territory of an unrecognized State, for example. But one State can refuse to have any State-to-State dealings with another—any normal diplomatic relations—and States are allowed a wide (but not unlimited) discretion in deciding whether to support or oppose an application from an entity to become a Member State in the United Nations and other international bodies that are open only to States.

In the past it was not unusual explicitly to grant recognition to foreign governments as well as to States, in circumstances where a new government came to power by non-constitutional means—by a coup, for example, rather than via elections. That practice was abandoned in the course of the 20th century by most States, primarily because it was thought inappropriate for one State to purport to 'approve' the government of another, and because it was feared that recognition in any particular case might be interpreted by the rest of the world as approval of a regime that might well have come to power through some unusually toxic combination of thuggery and corruption.

As a matter of policy the UK formally abandoned the recognition of foreign governments in 1980, announcing the policy change in parliamentary statements. Unaccountably, it reverted to its earlier practice in 2011, when it announced that it would henceforth recognize the 'rebel' government in the nascent Libyan civil war as the legitimate government, and by implication de-recognize the incumbent government in Tripoli—an announcement about as appropriate and helpful as applause at the end of the second movement of a string quartet.

Non-recognition cannot deprive a government of its basic entitlements, for example to some measure of respect for laws that it has enacted and acts that it has undertaken within the territory that it controls. It can, however, make life very difficult. An unrecognized government may be unable to access the State's bank accounts, or occupy the State's seat in international organizations, for example; and more broadly, the political and economic impact of a refusal to treat a foreign regime as a legitimate government can severely limit its ability to participate in international relations.

Back to the plot

The short point is that, viewed politically, the world is divided up (for the most part uncontroversially) into States in just the way that is depicted in coloured school atlases. These States are the repositories of the sovereign independence which gives those who govern the States the right to choose and determine the nature of the social order which prevails within them, to the extent that the social order is established or underwritten by laws and by government action.

It is with these States, and the relations between them, that international law deals. International law provides for the security of their borders, and for their right to be free from invasion and coercion by neighbouring States. It underpins the right of each State to choose its political, economic, and social structures. It provides mechanisms and procedures for the conduct of relations between States across the whole range of economic, political, and diplomatic activity; and it also provides the framework within which individual citizens can choose to travel and engage in transactions across national borders, whether in relation to trade, marriage, tourism, organized crime, or some other focus of human ingenuity and enterprise. And by regulating the scope of a State's jurisdiction—its right to make and enforce laws that say what people may and may not do, and how, when, where, and with whom they may do it—it determines the effective scope of the social unit that is the State.

Chapter 2
Where does international law come from?

Where does international law comes from? There is a knot of related but distinct matters that are tied up in this question. Who says that a State must do this or that? Why do States obey the law? If rules of law are made by States in the first place, can they really be regarded as significant constraints upon States? This knot can usefully be unravelled at this stage.

The short and traditional answer to the question is that rules of international law come from two main sources, treaties and customary international law, both of which are created by States; and that States are, therefore, bound by the rules with which they have chosen to bind themselves—rules to which they have consented. This short, formalistic answer, however, gives little insight into what international law is really like or how it works.

The fact is that all around the world in government offices public officials routinely conduct their business within the framework of international law, and corporate officers and individuals, to the fast-increasing extent that they engage with international law, also do so. It is not so much a case of international law imposing constraints upon them: it is rather that the rules of international law largely spell out the normal way in which international transactions are conducted—the rules and principles that are tacitly accepted as the grammar of international bureaucracies, both public and private—so that in most cases it would require a conscious effort to act contrary to international law. Habit, torpor, and the pervasive desire of employees not to risk their careers and pensions by making the wrong decision: these are the main ingredients in the mixture that gives international law its great binding strength. What better answer to the question, 'why did you do that?' than to say 'that is how everyone always does it; and that is how the law says that we should do it'?

The ways in which this bureaucratic inertia operates become clearer when one considers the nature of customary international law and of treaties a little more closely.

Customary international law

Customary laws exist in many national legal systems, particularly in Africa and Asia, but also elsewhere. In English law, murder, for example, is not a crime created by statute, but a crime under common law, which developed as a customary law system.

Systems of customary law, including customary international law, are rooted in the regularity of an identified practice. Some rules of conduct become so ingrained in a society and are regarded as so important that a breach of them is regarded as particularly serious, attracting not merely social opprobrium but exposure to legal sanctions, including the sanctions of organized law enforcement—arrest, fining, imprisonment, and so on. For example, foreign heads of State and their diplomatic envoys have been recognized since time immemorial as having immunity from the jurisdiction of local courts. The practice of according such immunity is firmly established. It is followed by practically all States practically all of the time—the detention of the US diplomatic and consular staff in the US Embassy in Tehran in 1979 was a very rare exception, which was condemned as a violation of international law. The generality of the practice has established such immunity as a rule of customary international law, so that imprisoning an ambassador would be regarded not merely as an unfriendly and inhospitable act, but as an act which violated rights and obligations, and in response to which legal sanctions could be applied.

It is not necessary that every State subscribe to a practice in order for it to become a rule of customary international law: it is enough that a significant number of States do so, and particularly the major States and States especially affected by the rule (as the handful of States with the capacity to put rockets into space are the States specially affected by outer space law, for example). What matters above all is that there should be little or no disagreement with the putative rule—no significant divergent practice or opposition to the rule.

A metaphor that international lawyers often use to describe the emergence of rules of customary international law is that of the footpath. The metaphor has its limitations, but the central point is helpful. Regular following of the same track establishes an identifiable path, whether it be made by a few people or by many; and if there is an understanding that the path *should* be followed, it will be a clear path with little or no sign of people straying from it or trying to make new, competing paths. If, however, people wander all over the place so that there is no clear track, there can be no general expectation that people should conform to one particular route.

Regular practices that have the character of legal rules, such as the rules on diplomatic immunity, are distinguished from those practices that, while they may be equally consistently followed, are not strictly 'legal', such as the practice of remitting from time to time the intergovernmental debts of the very poorest countries. The important point is that in order to evidence a rule of customary international law the international practice must not simply be followed as a matter of fact, but must in addition be regarded as legally binding by the generality of States so that following the practice is not merely a matter of choice or policy but of legal obligation. The conviction that the rules are indeed legally binding, so that a State has the legal right (or duty, depending upon the content of the rule) to engage in the practice, and conversely so that States that act inconsistently with the practice are liable to face sanctions under international law, is known by the technical name of *opinio juris*.

We can tell which regular practices by States are considered to be governed by rules of international law by looking at what State officials say in relation to the practice. For instance, when WPC Yvonne Fletcher was fatally shot from a window in the Libyan People's Bureau in St James' Square, London, in 1984, the British government publicly took the position that as long as the building remained a diplomatic mission it enjoyed immunity and the police were not entitled to enter it. Government spokesmen explained that the practice was followed because of the international law on immunity—though the UK took swift action, in accordance with international practice, to terminate diplomatic relations with Libya and order the closure of the mission, after which (and having given the mission staff the opportunity to clear the premises and leave) its diplomatic immunity was lost. Those acts, coupled with the *opinio juris* in the form of the government's explanation of its actions, evidenced the UK's adherence to the rules on the immunity of diplomatic premises. Taken alongside similar evidence from other States, such episodes build up the picture of a 'general practice accepted as law' among States.

Searching for evidence of *opinio juris* by searching for clear statements of the views of governments is the hard way of identifying rules of customary international law. For the most part, there is general agreement on what those rules are, and the rules can be found set out in a systematic fashion in textbooks of international law.

It does not matter if the rule is often broken. Customary international law is rather like religion. If we were to ask what a particular religion requires of us, the authoritative answer would lie not in the actual practices of the current adherents of the religion, but in an exposition of orthodox theology, probably performed by a priest or theologian. We would look not to what believers actually do, but to what they, and the leaders of their community, say that they ought to do. Hypocrisy tends to have a bad reputation: but it has a vital role in maintaining moral standards. So does gossip. Hypocrisy and gossip permit the articulation of pure norms of behaviour, uncompromised by the often tiresome need to conform to them.

It does not matter how or why people begin to follow a particular rule. For example, the rules about the immunity from arrest of foreign sovereigns have their origins in beliefs that kings and emperors were divinely anointed, even if they were not actually divine themselves. Those rules proved useful in the conduct of relations between sovereigns (or at least they proved convenient, and no sovereign or government was inclined to give them up), and they continued to be followed when myths of divine kingship had long since given way to myths of authority rooted in the mandate of the people. The rules on sovereign immunity—now usually called State immunity, to reflect this political development and the fact that the immunity is enjoyed by a wide range of government officers and agents—remain a much-used part of international law.

If a rule of customary international law ceases to be useful, there will be pressure to change it. It used to be the case, for example, that English courts gave immunity to foreign States and their agencies in all contexts, including situations in which State-trading corporations in communist States were engaged in commercial transactions in the market place. There was much complaint that immunity in that context gave State trading companies an advantage not available to private companies; and in the *Trendtex* case in 1977 the English Court of Appeal, after reviewing the practice of courts in other countries, decided that the UK should come into line with continental States and apply a doctrine of 'restrictive immunity', where immunity is accorded in respect of 'governmental' but not 'commercial' acts. Parliament was preparing legislation which had the same effect, and which came into force the following year as the State Immunity Act. But international law is a part of English law and the English courts were entitled, and indeed bound, to apply international law as it stands from time to time, unless it is contrary to legislation.

Changes in customary international law are usually initiated by a single State or a small group of States unilaterally applying what they hope will become the new rule of international law. If enough other States acquiesce in the novel practice, and subsequently adopt the same position themselves by applying the new rule which the practice represents, the 'general practice' will soon cease to be that of following the old rule, and become that of following the new rule. Thus, in the 1940s and early 1950s a handful of South American States started to claim exclusive control over fish stocks within 200 miles of their coasts. Most other States at that time regarded those claims as unlawful, and insisted that coastal State rights over adjacent waters extended only for 3 or 12 miles (opinion among States was divided as to the precise distance; but there were no significant claims to more than 12 miles). Dissatisfaction with the narrowness of the geographical extent of coastal State rights, which left high seas fisheries free for plundering by factory fishing fleets from a handful of developed States, led many coastal States to reconsider their positions; and by the 1970s the practice of most States had fallen in behind the 200-milers. A new rule of customary international law had been made.

More recently, the use of force by ad hoc coalitions, in Kosovo, in Iraq, and in Libya, has raised the question whether a new rule of international law is emerging which permits the use of force in some circumstances in order to prevent massive human rights violations by incumbent governments. Episodes such as the NATO bombing in Kosovo in 1999, and the 'no-fly zone' imposed on Libya in 2011, are said by some to evidence the emergence of such a rule, although others see in them little more than a desire on the part of some western States to secure or to remove particular foreign regimes without becoming involved in ground wars. While the motive behind a new practice is not really relevant to the question of its adoption as a rule of customary international law, it can have a great effect upon the acceptance of the new practice by States in general. It is, however, important to recall that even if the western governments and press appear to be aligned behind particular developments, the view in other parts of the world may be very different.

Codification of customary international law

Sometimes the rules of customary international law are codified. The UN has an expert body, the International Law Commission ('ILC'), which reviews areas of the law and, where the customary law is sufficiently clear and is ripe for codification, adopts texts restating the law. Some of those texts may subsequently form the basis for discussions at international conferences at which the ILC text, modified by whatever amendments the participating States agree upon, may be adopted as treaties. The Vienna Convention on the Law of Treaties is one such treaty. Those treaties then become binding upon those States that choose to become parties to them. To the extent that the treaty accurately reflects customary international law, the underlying rules of customary law will bind all States, whether or not they choose to become parties to the treaty by ratifying them. The advantage in ratifying the treaty is that it brings to relations between the States Parties the certainty that comes from the ability to point to an explicit text which definitively sets out their rights and duties. Customary international law is, in its very nature, more difficult to identify and prove in cases where its content is disputed.

Sometimes the ILC texts are simply adopted as resolutions of the ILC and noted by the UN General Assembly. Even in that form they may prove very influential, being referred to by courts and tribunals, or by governments in diplomatic communications, as authoritative statements of customary international law. The leading example is the ILC's Articles on State Responsibility, adopted in 2001. Those Articles explain in general terms the circumstances in which States are held responsible for breaches of international law. They address matters such as the responsibility of States for the acts of their officials and institutions (including their legislatures, courts, administrations, and other governmental bodies); general defences to responsibility, such as the fact that a State acted (in limited and carefully defined circumstances) under coercion or *force majeure* or out of necessity; the consequences of responsibility, including the right of other States to take counter-measures in order to pressure the wrongdoing State back towards compliance with its obligations; and the right of injured States to reparation for injuries suffered. The rules of international law that are the subject of the breaches themselves are not set out in the ILC Articles: they are rules contained in treaties or in customary international law. The ILC Articles on State Responsibility have been immensely influential and are frequently cited in diplomatic exchanges and in national and international courts and tribunals.

The power of customary international law

Customary international law is enormously resilient. Most of its rules are observed by most States most of the time. As is, I hope, apparent, this is practically tautologous: States normally follow customary international law because customary international law consists of the practices that States normally follow (coupled with the conviction that the practices are expressions of rules of international law). Put another way, it is not so much a case of customary international law bestowing binding force upon certain rules of conduct, so making them into rules of international law.

Rather, customary international law *is* the body of rules of conduct that are regarded as legally binding.

That is not to say that customary international law has no constraining power, or—except in a very abstract sense—that States are free to choose what rules bind them. States make the rules when they are on their best behaviour, when they are asserting publicly the rules and standards which they believe must be observed. Often the statements are made when they are criticizing other States for not observing them. But existence of the rules exerts a real pull towards compliance when States are tempted to fall below the standards that they have themselves adopted; and that is a valuable source of normative pressure within the international system.

It is often not obvious to the outside world just how powerful this pressure is; but it is well known to those involved in the practice of international law, whether as government lawyers or ministers, or as corporate lawyers or as practitioners at the international Bar. It is far from uncommon for officials to say that a State will not put forward what would be a strong argument in defence of its actions, because that argument might be turned round and used against the State in future. Ideas of moral absolutes may have faded with the decline of religion and natural law, but the force of consistency as a moral imperative is largely undimmed (see Figure 3).

Only occasionally is the need for consistency challenged, as it has been in arguments of American 'exceptionalism'—the argument that because of its economic and military power the USA bears exceptional responsibilities within the international system, and that US interests should consequently be specially accommodated by the rules of international law. That argument, advanced most often in the context of the rules on the use of force and the claim that the USA is uniquely fitted for and uniquely burdened with the role of 'world policeman', has made little headway, however, and is unlikely to go much further. As other military and economic

3. Is consistency the highest moral value?

powers, such as the BRICS States—Brazil, Russia, India, China, and South Africa—and the EU, emerge at the global and regional level (and the changes in the notion of what is 'regional', as the reach of political, economic, and military power changes, is itself an important theme in international law), the days when any single State could claim to have special exemptions from the rules that bind the rest of the world are quickly passing. Every State has an interest in the consistency of rules, and in the predictability of behaviour for which such consistency is a precondition.

These points have been made in the context of a discussion of customary international law, but they apply equally to all legal rules, whatever their origin. Customary international law was the main source of international law until the middle of the 20th century; but it is now taking second place to treaties and other sources of law, to which I now turn.

Treaties

Customary law is resilient; but it can be slow and imprecise in the making. A practice must first be initiated. One must then wait for the pattern of State practice to become settled. Even when the practice is settled, it may not be comprehensive or exact. It may be clear that ambassadors are given immunity: but what of their children, or their spouses or partners? How much oil must be spilled into a State's waters before it counts as unlawful pollution? A bucketful? A barrel? Half a tanker load?

Then again, it may be that there is a need for rules in a field of activity in which concurrent State practices are unlikely to arise spontaneously—rules on international trade, tariffs, and subsidies are an example—or where there is a need for a new institution to be created—such as the International Criminal Court, the EU, or the UN—which cannot arise spontaneously from State practice. To take another set of problems, there may be circumstances where any one State will act only if it knows in advance what steps others will take: disarmament is an instance. In circumstances such as these, the obvious way, and often the only practical way, to proceed is by drawing up an express agreement, a treaty (see Figure 4).

One might speculate that the demise of the 19th-century system of Great Powers spelled the downfall of the informal consensus-based law-making that is exemplified by customary international law, and that the great increase in the number of independent State voices, coupled with the greatly increased possibilities for international travel and communication, made the deliberate negotiation of new rules of international law and their reduction to writing in treaties an almost inevitable development. Others might say that, in some contexts at least, the making of an international agreement is used as a substitute for action. General provisions in environmental and human rights treaties, exhorting the States Parties to implement the treaties to the fullest possible extent, are obvious examples: a vaguely worded catch-all treaty clause can often be slotted in when there is no possibility of reaching agreement on whatever it might mean. Yet again, one might say that customary international law had by the

4. States take treaties seriously. Kennedy signs the Nuclear Test Ban Treaty in 1963.

20th century done its work. It has laid out the basic framework of international relations, and the task is now to build on that framework with more detailed rules which can only be established through negotiation and the drafting of texts that command an explicit consensus. For whatever reason, treaties are now the most common means by which new rules of international law are made, as the ever more numerous volumes of the *United Nations Treaty Series*—currently around 2,600 volumes—show.

A treaty is simply an agreement between States that is legally binding. 'Treaty' is the generic name for legally binding agreements between States. Such agreements have a variety of titles, such as 'agreement', 'treaty', 'convention', 'pact', 'covenant', 'charter', 'protocol', and 'exchange of notes': the title of any particular instrument is little more than a matter of style and diplomatic tradition.

If States wish to set out their rights and duties in relation to one another in a clear and precise manner, they will usually do it by negotiating a bilateral or multilateral treaty. This has the advantage of precision and of speed, though complex multilateral treaties, such as the agreements constituting the World Trade Organization and the international trading system, can sometimes take many years to negotiate.

There is a balance to be struck in the context of multilateral treaty negotiations between the aims of maximizing participation by States and maximizing the extent of the commitments made by the Parties. Take, for instance, the 1979 UN Convention on the Elimination of Discrimination Against Women ('CEDAW'). In Article 2 of CEDAW the States Parties 'condemn discrimination against women in all its forms, [and] agree to pursue by all appropriate means and without delay a policy of eliminating discrimination against women'. The Convention proceeds to set out specific provisions by which the Parties are bound. But there are wide cultural differences in the ways in which women are regarded and treated. If the goal were that all States in the world should subscribe to CEDAW, the prohibitions on discrimination would have to be set at a level acceptable to the States most reluctant to commit themselves to the elimination of discrimination. If strength of commitment is the aim, the prohibitions could be set at the level that the States most willing to commit themselves would accept. (And, I should add, unwillingness to make international commitments is not the same as unwillingness to accept the underlying principles. Some States with very extensive legal guarantees in their national laws against sex discrimination may be reluctant to become Parties to treaties because of concerns that the obligations under the treaty do not mesh precisely with their domestic legislation. For instance, concerns about the implications of CEDAW for combat roles for women in military service, and for the provision of paid maternity leave, were raised in the USA as obstacles to US ratification of CEDAW, despite the clear acceptance of the desirability of eliminating discrimination based upon sex.)

One way of addressing the problem of securing the optimum balance between the breadth and depth of commitment by States to a given treaty is to permit States to make reservations to the treaty (or 'opt-outs', as they are commonly called in the EU context). A State making a reservation is saying, in essence, that it accepts the treaty with the exception of certain specific provisions, or subject to certain specific conditions set out in the reservation. For example, under CEDAW Australia made reservations concerning maternity leave, and India declared that 'though in principle it fully supports the principle of compulsory registration of marriages, it is not practical in a vast country like India with its variety of customs, religions and level of literacy'. Those are practical accommodations, necessary in order to enable Australia and India to accept the other obligations under CEDAW. Sometimes a reservation goes further. Saudi Arabia's reservation to CEDAW provides that 'in case of contradiction between any term of the Convention and norms of Islamic law, the Kingdom of Saudi Arabia is not under obligation to observe the contradictory terms of the Convention': thus can the shadow of a hand block out the sun.

Some treaties expressly permit certain reservations or forbid reservations to certain provisions in the treaty. If there is no such express provision, only reservations consistent with the object and purpose of the treaty may be made; and even then each other State Party can choose whether to accept the reservation (in which case the treaty applies between it and the reserving State as modified by the reservation), or to refuse to accept that the treaty comes into force at all between it and the reserving State, or to allow the treaty to enter into force but excluding the provisions to which the reservation relates, and on which it and the reserving State have, in effect, failed to agree.

These effects, like other matters concerning the making, validity, interpretation, and termination of treaties, are governed by legal principles set out in the 1969 Vienna Convention on the Law of

Treaties. That Convention was one of many that have been drafted by the ILC with a view to codifying customary international law or filling important gaps where evidence of customary international law was lacking or unclear.

Some treaties enter into force immediately; others, only after ratification, or sometimes only after ratification by a specified number of States regarded as the minimum necessary if the new treaty regime is to be viable and effective. In States such as the USA, where ratification requires the consent of the legislature, that can cause difficulties for the government, which negotiates treaties. The US Congress refused to give its consent to ratification of the Strategic Arms Limitation Treaty ('SALT II') negotiated by the Carter administration with the USSR in 1979; and Congressional opposition to the 1948 Havana Charter effectively blocked the first attempt to create a world trade organization—though the USA was one of the prime architects of the agreements that did eventually establish a World Trade Organization in 1994.

Some see internal opposition to treaties negotiated by a government as a sign of insularity and unwillingness to join in international attempts to grapple with global problems. Others see provisions such as the requirement for Congressional consent as an essential element in any democratic constitution. Why, after all, should it be possible for the government to decide on, say, tariff arrangements or military alliances with foreign States without recourse to parliament or its equivalent, when the imposition of a requirement to obtain a dog licence requires the active cooperation of the legislature and the pursuit of the full and ponderous procedures of law-making? Which affects the citizen more?

Such difficulties are avoided in different ways. In some States, prior consent is required for ratification of treaties; in others, such as the UK, the government has the right to enter into treaty commitments on its own authority and without any prior consent from the legislature. Conversely, however, there is a tendency (the exact position depends upon the constitutional law of each State) for those States that do require prior consent from the legislature to give treaties the force of law within the national legal system and before national courts, whereas States that do not require prior consent tend to deny treaties any such force unless they have been enacted into national law by legislation. Thus, while treaties made by the British government are legally binding upon the United Kingdom as a matter of international law, as a matter of English or Scots law and in English or Scottish courts a treaty is not applicable as a source of law unless it is has been implemented in English or Scots law by an Act of Parliament. The consequence is that the British government will not in practice ratify any treaty that requires some alteration in English law unless and until that alteration has already been obtained through parliamentary action. There is, therefore, some degree of democratic control on treaty-making, even under the British system.

Resolutions of the UN and other international organizations

In the discussion of Statehood, I referred to a number of UN General Assembly resolutions as though they were authoritative expositions of the law. Such references are regarded as rather louche by most international lawyers. Strictly speaking, resolutions of the UN and other international organizations cannot make international law. It is wrong, however, to regard them as having no legal significance whatever.

A resolution may affirm or restate established rules of international law, in which case the resolution might be cited as a convenient articulation of the rule. UN General Assembly resolution 2625 (XXV)—the great 1970 Declaration on Principles of International Law Concerning Friendly Relations and Cooperation Among States in Accordance with the Charter of the United Nations—is an example. It was negotiated long and hard within the UN, in an attempt during the Cold War years to set out the fundamental principles of international law that were accepted by all States as the basis for relations between them. As such, it is widely regarded as an authoritative restatement of customary international law.

A resolution may be an explanation by the institution of the way in which its Member States interpret provisions of the institution's constitutive charter. For example, UN General Assembly resolutions 1514 and 1541 are regarded as authoritative interpretations of provisions in the UN Charter concerning self-determination.

Sometimes organs of international organizations are given the power to take decisions that bind Member States. The EU has wider powers of this kind than any other organization; but on the international (rather than the regional) plane, the best-known example is the UN Security Council. It has the power to make binding determinations of the existence of a breach of or threat to international peace and security, and it may order States to take steps to address such situations. Such steps may include the severance of economic or travel links and other sanctions and, under Chapter VII of the Charter, a practically limitless range of measures, including the use of force, if it considers them necessary. The existence of a veto held by each of the five permanent members of the Security Council (China, France, Russia, UK, USA) has ensured that the power to order States to take action is used relatively sparingly. Russia and the USA are the two most frequent users of the veto; and the Israel/Palestine situation is the context in which vetoes have been used most frequently.

Other organizations have powers to take measures within the limits of their own competences. For example, the International Maritime Organization ('IMO') has the power to authorize traffic separation schemes in busy international waterways such as the Straits of Dover.

Those cases apart, resolutions of international organizations generally have little or no binding legal effect. They may express the views of the Member States (or at least of the necessary majority of Members) on particular questions, and those views may have considerable political force: but they would not in themselves change the legal position or bind Member States.

Other rules and standards

The main rules governing the conduct of international relations are to be found in customary international law and, increasingly, in treaties. But the main rules are not the whole story. The law may (and does) say that States have an obligation to prevent the pollution of the seas: but what does that mean? No massive offshore oil-rig blowouts, certainly: but what of the routine leakage of oil from ships in the ordinary course of navigation, or the washing out of empty oil tanks at sea? Is the discharge of 1,000 litres of oil into the waters of a port to be treated in the same way as the discharge of 1,000 litres of oil during the entire course of a round-the-world voyage? There comes a point where the implementation of broad principles set out in laws has to be mediated through detailed technical rules and standards.

This is less tedious than it might sound. The consequence of the need for such technical norms is that while government officials may negotiate the basic principles of a legal regime, the detailed measures of implementation are commonly either set by industrial, commercial, or scientific groups, or borrowed from them. A treaty may, for instance, require that a State apply 'best industry practice' to certain activities over which it has jurisdiction; and that best practice may be laid down in part by professional associations of engineers. The rules and standards need not be technical in the narrow sense. NGOs active in the fields of human rights and environmental protection have done a great deal to subtilize and stabilize the understanding of concepts such as 'torture' and 'toxic waste', and to counter the tendency of some governments and corporations to keep their activities within the law by redefining the crime.

In this way the process of international law-making is open to the influence of what is loosely called 'civil society'—roughly, any voluntary social group capable of articulating a collective opinion. Furthermore, such standards can easily be altered as technology and societal expectations develop: there is no need to negotiate entirely new treaties. There are scores of international organizations, governmental and non-governmental, which adopt and revise technical standards in this way, creating detailed rules and standards that give precise meaning to legal rules that are framed in more general terms, and which specify more exactly what is expected by way of compliance with those legal rules.

Where to find international law

All of these sources of international law are distilled into the summaries of the subject given in textbooks on the subject, such as the classic *Oppenheim's International Law* and the *Encyclopaedia of Public International Law* and their equivalents in other languages. More importantly, because the obligation of every State to comply with international law requires that State organs and agencies, such as the courts, the police and armed forces, public regulatory bodies, and the like, act in conformity with the State's obligations under international law, many States also publish accounts of international law as it is applicable within that State. Thus, *Halsbury's Laws of England* contains a volume on 'International Relations Law', which sets out the law on questions of international law that arise most commonly within the United Kingdom, such as the immunities of foreign States and diplomats, the permissible scope of a State's jurisdiction under international law, and the rights and duties of international organizations.

Much can be found on the internet. Many international organizations and non-governmental organizations have websites which not only set out the main legal instruments on particular topics, but also include detailed (if sometimes partisan) discussions of the law.

Chapter 3
Implementing international law

International law is implemented (a much more helpful notion than 'enforced') in many different ways. Most commonly, its rules are simply followed by State officials and others in their day-to-day routines. But sometimes the implementation is more formal and more noticeable.

Translating international law for national courts

The rules of international law are often given effect in municipal law by enacting them in statutes. For instance, in the UK the Diplomatic Privileges Act 1964 gives effect to the obligations of the UK in relation to diplomatic immunities, codified in the 1961 Vienna Convention on Diplomatic Relations; and the State Immunity Act 1978 gave effect to the rules on State immunity as the UK understood them to exist in customary international law, before those rules were codified in the 2004 UN Convention on Jurisdictional Immunities of States.

In the UK rules of customary international law may be applied directly by the courts, but rights and obligations created by treaty can be applied only if they are incorporated by means of legislation into domestic law. In the USA, in contrast, not only may the courts apply rules of customary international law, but the Constitution gives to treaties ratified by Congress a status equivalent to legislation. Whether legislation is necessary to implement customary international law or treaties within a national legal system is, as has already been noted, a matter for the constitutional law of each State. Where legislation is required, the courts will look to the domestic statute, rather than to international law: even some of those participating in a trial may be unaware of the underlying international law that finds expression in the applicable statutes.

It is sometimes suggested that the world would be a better place if all national courts applied international law, and gave it precedence over inconsistent national law. The expectation is that activities such as governmental action in breach of human rights laws, or the conduct of wars in breach of international law, or trade in breach of UN sanctions, could all be struck down by national courts to which, unlike most international courts, individuals would have direct access. But that is not necessarily desirable.

All political structures are built on the human scale. Parliamentary gatherings are of a size, and sessions are of a length, that makes effective communication possible. Governmental structures devolve responsibilities to levels where effective political action and control can be sustained. And, at least in States that maintain some pretension to democracy, political responsibility is secured through an institutionalized relationship that makes dialogue between the electorate and their representatives feasible. So, if people consider that a particular law should be changed, they can bring pressure to bear and the legislature can take appropriate action. People have a measure of control over the laws that the courts apply; and those laws can be tailored to fit the traditions and the situations in each individual State. That kind of political control cannot be made effective at a global level. There is no possibility of citizens having real control over the making of customary international law or of treaties. The direct and automatic application of all rules of international law in national courts is not something that fits together easily with democratic systems of government within individual States.

Sight must not be lost of the fact that international conferences and international organizations are, at heart, no more than gatherings of national governmental officials and their agents and employees. The roles of the international policy-makers may be global, but their lives and careers (with the possible exception of the international civil servants who form the permanent backbones of these organizations) are local, rooted in their home States. They are no more immune from the risk of taking bad decisions in the UN than they are from the risk of taking bad decisions within national governments; and they are no less in need of a system of courts to maintain the Rule of Law. But the impracticability of global structures of political responsibility means that a system of effective judicial review cannot be located at the international level. Better to be able to fight bad policies within national courts, using arguments drawn from international law even if it does not automatically prevail over national law, than to address pleas and petitions to the post-boxes of international organizations. All real political battles are ultimately local.

Compliance and remonstration

What happens if a State breaks a rule of international law? The first point to make is that it is often not entirely certain when a State has broken the law. States are in fact remarkably consistent in conducting themselves in accordance with the established rules, just as individuals generally conduct themselves in accordance with national laws. In the same way that people will voluntarily form and maintain queues, even in the absence of any legal obligation or coercion, States tend to comply with international law. But even where a State does appear to have violated international law, it is often the case that it considers itself to have acted within its rights, and that the immediate dispute concerns what international law requires rather than whether the requirements have been met. The invasion of Iraq by the UK and the USA in 2003 was widely regarded as incompatible with international law; but there is little doubt that many in the governments of those two States were (or allowed themselves to become) convinced that a legal justification for the invasion could be made out.

The second point to make is that the great majority of international differences are sorted out by talking. Multilateral discussions in organizations such as the UN and the IMF; bilateral negotiations between the disputing States; sequences of unilateral speeches, and press releases that clarify the States' intentions and understandings: all serve to make clear the position of a State that is regarded as being in breach of its international obligations and thus to enable others to decide if any further action is needed. If action is indeed needed, States have a wide range of tools at their disposal.

It is widely supposed that in contrast to systems of municipal law, where wrongdoers are pursued by the police and brought to trial and punished, in international law very little happens if a State chooses not to fulfil its legal obligations. That view is misconceived. Municipal law is not systematically enforced. In the case of criminal law, most estimates suggest that fewer than half of the crimes committed are reported to the police; and of those reported, a suspect is identified only in a minority of cases. More importantly, a wide variety of violations of the criminal law, including domestic violence, so-called 'victimless crimes' such as drug offences, road traffic offences, and a good deal of petty theft from shops and employers, are not treated as crimes at all, so that they do not even show up in statistics of 'unreported' crimes. And all of this focuses only upon the criminal law. The number of violations of legal obligations that would result if civil wrongs such as trespass, defamation, breaches of contract, and negligence were added to the list, is incalculably high.

It is not intended that every violation of the law should be prosecuted. There are more important priorities on which to spend public money. It is enough that the law is available to be used when necessary, to try to prevent violations from reaching unacceptable levels in particular communities, and to prevent perpetrators of high-profile offences from escaping with impunity. Indeed, even when criminal charges are brought, it is increasingly common to prescribe some remedial sentence, such as attendance at a 'speeding awareness' course, instead of a penalty.

International law is no different. There is neither the expectation nor the intention that international law should be enforced on every occasion when it is violated. Many minor violations are willingly tolerated as the products of human frailty, or as not worth pursuing. An accidental trespass a few metres over an international border by armed forces in a remote forested area, or a minor breach of World Trade Organization rules on subsidies to domestic producers, will probably be overlooked because they are the kinds of breach that cause no substantial harm and do not call the basic rules into question. If a breach is regarded as provocative, as in the case of the deliberate overflight of disputed territory by military aircraft for instance, a diplomatic protest may be made. The nuances of international diplomacy, outlined in volumes such as *Satow's Diplomatic Practice*, are so well understood that the choices of language, form, author, and recipient of diplomatic communications enable States to signal with considerable precision the degree of outrage or criticism behind the protest.

Protests are by no means insignificant, because disapproval and a cooling of relations between States is not insignificant. There are many ways in which States can make life easier for other States and their nationals even though they are not legally obliged to do so. The amendment of visa requirements, including the difficulty and cost of procedures for obtaining visas; awards of government contracts; the grant or withholding of overflight rights for aircraft: the range of possible measures is enormous, and the cost to the target State of the imposition of such measures can be very high indeed. The imposition of unfriendly measures and the removal of friendly concessions are known as acts of 'retorsion' when they involve no breach of any legal obligation. But States may go further.

One of the principles of international law is that where a State is injured by an unlawful act of another State it is entitled to suspend its own performance of some obligation owed to the wrongdoing State, in order to induce the wrongdoer to come back into line with its obligations. Such suspensions of the performance of legal obligations are known as counter-measures. They are, by definition, in one sense themselves breaches of international law (which measures of retorsion are not); but they are justified and rendered lawful by the prior illegal act of the State against which the counter-measures are taken, and are therefore lawful. Counter-measures must be proportionate to the wrong suffered, and must not violate the rules of international law on the protection of human rights and on the use of force. They might include prohibitions on the performance of contracts and other commercial dealings with the target State, for example; and sometimes they are organized as full 'sanctions regimes', deliberately designed to apply pressure to the target State to force it to change its ways.

Sanctions are not always directed against States. Individuals and corporations suspected of association with international terrorist groups have also been targeted. Those 'Al Qaida and Taliban' sanctions, imposed under a series of UN Security Council resolutions, beginning with resolution 1267 (1999), have attracted some criticism. Individuals are put on to a list by a UN Security Council sanctions committee, on the basis of reports from UN Member States of which only the sketchiest summaries are made available to the people affected, and which may rely heavily upon untested allegations. Once listed, States are obliged to apply the sanctions to the listed people. The affected individuals cannot challenge the sanctions in the UN itself, but may challenge them in the domestic courts of the States that apply them; but there is a strong tendency for national governments and courts to hide behind the authority of the UN and to say that they have no choice but to apply the sanctions. It is an illuminating instance of the problems that can arise from the relationship between international law and municipal law.

Sometimes disputes are serious and intractable and cannot be settled by discussion and the application of indications of discontent and disapproval. States then have a choice as to how they deal with them, just as individuals do in respect of their own disputes. A dispute over a neighbour's garden hedge or loud parties may be taken off to court, or it may be allowed to simmer, with occasional acts of retorsion such as the nocturnal use of electric lawn-mowers, in the hope that the neighbour will in time become more reasonable. There is a legal route, and a non-legal route; and the offended individual will decide which is likely to be more effective and affordable.

So it is with States. In 1979, during the Islamic revolution in Iran, militant students kept US diplomats and their families hostage for many months in the US Embassy compound in Tehran. After an aborted attempt at a military rescue the United States took the matter to the International Court of Justice ('ICJ'). That move resulted in a judgment clearly upholding the rights of the US nationals. Coupled with measures of retorsion in the form of a dramatic decline in bilateral US–Iran trade, and the imposition by the USA of a freeze on $12 billion of Iranian assets held in US banks as a counter-measure, the ICJ judgment paved the way for a solution to the dispute, mediated by Algeria and involving the establishment of an international tribunal—the Iran–USA Claims Tribunal, which is still sitting in The Hague—to hear and settle claims by nationals of one State against the government of the other, as well as claims between the two States. The settlement process involved many components: an unsuccessful attempt at self-help, retorsion, counter-measures, litigation, arbitration, mediation. The episode illustrates the range of steps available to States for the handling of international law disputes.

State responsibility

The traditional inter-State model of international law places States in the role of defenders of their nationals. In the words of the Permanent Court of International Justice (the predecessor of the ICJ), in the *Mavrommatis* case,

> It is an elementary principle of international law that a State is entitled to protect its subjects, when injured by acts contrary to international law committed by another State, from whom they have been unable to obtain satisfaction through the ordinary channels. By taking up the case of one of its subjects and by resorting to diplomatic action or international judicial proceedings on his behalf, a State is in reality asserting its own rights—its right to ensure, in the person of its subjects, respect for the rules of international law.

There is a symmetry here. Just as States may defend the rights of their nationals (be they individual human beings or legal persons such as companies) because an injury done to a national in breach of international law may amount to a wrong done *to* the national State, so too an action of an individual or corporation may amount to an action *of* a State. The attribution of acts to States is the concern of the doctrine of State responsibility.

Acts of individuals or corporations are attributable to a State when those acts are exercises of the legislative, executive, judicial, or other 'governmental' functions of that State. Each State has the right to choose its own governmental structures as an aspect of the principles of sovereignty and self-determination, and so all levels and designations of national, regional, or provincial and local government are regarded as parts of the government of the State.

All acts of the government are obviously 'State' acts, but acts of private individuals are, in principle, not. So, for example, if I am assaulted by a policeman or immigration official in a State, that State is responsible for that action; but if the assault is committed by a private citizen (say, a rioting football supporter) the State is not responsible for the assault—though if the State had foreknowledge of the riot and failed to take reasonable steps to protect persons and property known to be at particular risk, the State might be internationally responsible for that failure.

The responsibility of a State for acts of 'governmental' bodies is usually quite clear. But there are difficult cases. Acts of the regular police are plainly attributable to the State, but what about private security guards employed to guard prisoners or public transport facilities or private banks? National courts are plainly State organs, but what about professional disciplinary bodies, or religious courts, that operate within the State? Are the questions whether the postman or a doctor is employed by the State or by a private company, or whether an oil company is owned in whole or in part by the State, relevant to the question of the attribution of their conduct to the State? Questions such as these are addressed by the rules of customary international law which, as was noted, were restated by the ILC in its 2001 Articles on State Responsibility.

Deciding disputes in international law

The settlement of international disputes begins with discussions, often conducted through the Foreign Ministries or diplomatic missions of the States concerned, but sometimes through other appropriate government ministries or agencies. Discussion may settle the dispute; but in any event it is only through discussion that it can be determined what, precisely, is in dispute.

Municipal courts

If discussion fails to resolve the dispute the matter may be sent to a court for decision. Often the first reference will be to a national court. For example, the extradition of General Pinochet from London to Spain was sought in respect of crimes that he was alleged to have committed while he was the Head of State in Chile. The question arose whether he was entitled to immunity as a former Head of State. That question was tried in the British courts, with the case making its way from the metropolitan stipendiary magistrate from whom the arrest warrant was first sought, through the Court of Appeal to the House of Lords. Those courts saw a full and detailed discussion of the international law on the immunities of Heads of State. Though the courts' final decision was that Pinochet did not enjoy immunity in respect of some of the offences with which he was charged, he was eventually released on medical grounds by the Home Secretary. Had Spain or Chile wished to dispute the decision of the courts or of the Home Secretary, the matter could in principle have been taken further, to an international court or tribunal.

International courts and tribunals

I say 'in principle' because, unlike national courts, international courts have no compulsory jurisdiction. A State is only obliged to appear before an international court or tribunal if it has consented to be subject to its jurisdiction.

That restriction is a very substantial constraint upon the jurisdiction of international courts and tribunals; but it should not be overstated. States can, and do, submit to the jurisdiction of international courts in various ways. Thus, under the Statute of the ICJ a State may sign up to accept the jurisdiction of the Court in respect of any legal dispute that another State making a similar declaration may bring against it. Fewer than one-third of States have done that, and many of them have attached exceptions ('reservations') to their acceptances. It is more common for States to accept the jurisdiction of the ICJ by adhering to treaties which include clauses which entitle each State Party to refer disputes with another Party arising from the treaty to refer the matter to an international court or tribunal. The 1948 Genocide Convention, for example, which has 146 Parties, provides that any Party may submit any dispute relating to the interpretation, application, or fulfilment of the Convention, including questions of the responsibility of a State for genocide, to the ICJ.

The ICJ is technically the principal judicial organ of the United Nations, as the Permanent Court of International Justice ('PCIJ') was in relation to the League of Nations. The PCIJ and ICJ are sometimes referred to collectively as the 'International Court' or the 'World Court'. The International Court sits in the Peace Palace in The Hague (see Figure 5), which was built before the League of Nations was established, and was intended to accommodate the ad hoc arbitration tribunals for which the 1899 Hague Convention on the Pacific Settlement of Disputes provided. The Permanent Court of Arbitration, which was established by the 1899 Convention and which organizes many such arbitrations, still has

5. The Peace Palace in The Hague. The resemblance to Disneyland is accidental.

its seat in the Peace Palace. The International Court is not the oldest judicial forum.

Nor does the ICJ have any formal authority over other tribunals. Though some self-contained dispute settlement systems, such as that which forms a part of the World Trade Organization ('WTO'), have their own appeal chambers, there is no general hierarchy of international tribunals or system of appeals in international law, although in practice most other tribunals show considerable deference to rulings of the International Court. Nor does the International Court hear the majority of international law cases. In fact, only a very small proportion of the cases that are decided by the application of rules of international law are taken to the International Court.

The latter point is particularly important. Most cases in which international law is applied arise in municipal courts and tribunals. Cases concerning applications for asylum and refugee status are a sadly common example: it is the Asylum and Immigration Tribunals which are primarily responsible for adjudicating upon the fulfilment of the legal obligations which the UK, along with 144 other States, undertook by ratifying the 1951 Convention relating to the Status of Refugees (and it is an interesting and instructive way of whiling away an hour or so to look on the internet to see which States have *not* ratified this and other treaties that safeguard elementary human rights). International law is often at work under the surface of national laws in national courts.

There are, moreover, many international courts and tribunals; and their number is growing. Almost all of them have a limited and specialized jurisdiction, confined to matters such as human rights (the European, Inter-American and African Courts of Human Rights), economic and trade matters (the courts of the regional economic communities such as the Andean Community, the Caribbean Community (CARICOM), the European Union, the

Mercado Común del Sur (MERCOSUR), and the Southern African Development Community (SADC), for example), the law of the sea (the International Tribunal for the Law of the Sea (ITLOS)), criminal law (the International Criminal Court (ICC) and the ad hoc tribunals established to deal with war crimes and crimes against humanity in the Former Yugoslavia, Rwanda, Sierra Leone, and Cambodia, for example), sport (the Court of Arbitration for Sport), and intellectual property (the arbitral tribunals organized by the World Intellectual Property Organization (WIPO)). In addition, there are many arbitration tribunals established by agreement on a case-by-case basis in order to decide international disputes.

These specialized tribunals handle far more cases than the ICJ. For example, in 2013, the European Court of Human Rights ('ECtHR') received almost 66,000 applications: it disposed of over 93,000 cases, the vast majority of which were declared to be inadmissible, but still had a backlog of around 100,000 pending applications in 2014 (more than half of them against Russia, Italy, Ukraine, or Serbia). The dispute settlement mechanism of the WTO has been invoked in almost 500 cases since its establishment in 1995, in relation to matters such as agricultural subsidies, restrictions on trade in beef from hormone-treated cattle, and China's exports of footwear.

International tribunals can be divided into two broad categories, depending upon the way in which they relate to States and individuals. Both the ECtHR and the WTO—to take a prominent example of each category—handle cases of direct significance for individuals, but they do so in rather different ways. The ECtHR in Strasbourg handles cases brought by individuals who have been unable to find a legal remedy within the national courts of the State Party to the European Convention on Human Rights against which they complain. The individuals initiate ECtHR proceedings in their own names and they control the litigation, deciding for example whether to press ahead or to settle or abandon the case.

The individuals seek the vindication of rights protected by the Convention, such as the right to a fair trial and the right to freedom of expression.

In the WTO system, on the other hand, cases may be brought only by, and against, States (and the EU, which exercises the rights of its Member States in WTO trade matters). It was the USA, for example, and not US farmers, which brought the complaint against the EU restrictions on imports of meat containing artificial hormones. But the underlying structure of the disputes in the ECtHR and the WTO is not very different. The USA was responding to pressure upon its government by its farmers, and the US government was protecting their interests through the WTO. Although the farmers had no individual right to export beef to the EU, the practical result of the WTO procedures was essentially the same as that which would have followed a procedure in which the farmers were asserting their own rights.

The ECtHR is one example, along with human rights tribunals in other parts of the world, and with the hundreds of ad hoc tribunals set up under bilateral investment treaties to adjudicate upon disputes between investors and host States, and with the Iran–USA Claims Tribunal, of a 'mixed tribunal' or 'State/non-State tribunal'—that is, a tribunal in which individuals or corporations have the right to institute and appear as parties in cases against States, calling the State to account for its actions, though only within the scope of the tribunal's jurisdiction, and on a footing of equality with the respondent State. The WTO dispute settlement procedure, on the other hand, like the ICJ, is an inter-State body: individuals and corporations have no right to invoke the procedure, and they cannot be made defendants in that procedure.

Though there were earlier formalized proceedings for the settlement of international disputes, such as those set up under the 1794 Jay Treaty to settle disputes between the USA and Britain concerning debts and boundaries that had arisen during the American War of Independence, the modern tradition of international courts is usually said to have begun with the tribunal established in Geneva to settle the *Alabama* claims. Those were claims for compensation made by the USA against Britain for damage caused during the American Civil War to Union shipping by the Confederate warship the *CSS Alabama*, built in Birkenhead and supplied to the Confederacy in breach of Britain's obligations under international law as a neutral in the War. The *Alabama* captured or sank sixty-five merchant ships trading with the Union, before it was sunk off Cherbourg in 1864.

The most prominent international courts and tribunals established in the century after the *Alabama* claims were inter-State bodies. Cases in which an individual or corporation suffered loss as a result of a breach of international law for which a foreign State was responsible were taken up by the national State of the injured person, in negotiations or before an international tribunal. The more recent trend in the establishment of international tribunals, however, is towards the mixed tribunal model. There are several reasons for this.

First, there is the reluctance of governments to devote scarce public resources to the vindication of the particular rights of an individual or corporation, and to complicate its relations with the respondent State by litigating against it.

Second, as the range of matters regulated by international agreement expands, particularly into areas touching upon commercial and industrial activity, rules of international law have increasingly been addressed directly to the rights and duties of individuals and corporations, rather than States. For instance, States have long been obliged to treat foreign corporations with at least a minimum standard of fairness; but since the 1960s hundreds of bilateral investment treaties ('BITs') have been concluded by States which give foreign investors rights to fair and equitable treatment, to non-discrimination, not to have their property expropriated, and so on; and under most of these BITs the investors themselves have the right to institute proceedings against the host State before international arbitration tribunals if they consider that their rights have been violated.

In order to make this shift from an inter-State to a mixed model work, it is necessary for host States to ensure that their national laws do in fact secure the rights that are granted under the BITs, and for corporate officers and their advisers to become aware of the investor's rights under the BIT. Mixed tribunals thus go hand in hand with what might be called the domestication or internalization of international law—the view that rules and principles of international law are not simply matters of concern to governments, but are of direct and immediate relevance to the decisions and acts of private individuals and corporations. Hence the current importance of regional human rights courts, international investment tribunals, and (on a somewhat different plane, because of the claim of the European Community and European Union that EU law is a legal order distinct from and, within its sphere of operation, superior to, both national and international law) the European Court of Justice.

Individuals are also very obviously engaged by international law in the various international criminal tribunals. The ad hoc international tribunals for the former Yugoslavia and for Rwanda, established by the UN Security Council, revived the vision of legal accountability for those accused of war crimes and crimes against humanity. That vision stood in contrast to the risk of the crimes being committed with impunity, as such people retired (often with a hefty slice of the wealth of their country) to an accommodating foreign State; and it strove to make clear that such tribunals were not instances of 'victor's justice', as some had alleged of the war crimes tribunals established in Nuremberg and Tokyo after the Second World War.

The war crimes tribunals established following the Second World War were the crucial step in ending the paradox that those politicians and military men with the greatest power and responsibility for the direction of war crimes escaped trial, let alone sanctions, for their crimes. But punishment was only a part of their function. Arguably even more important was their role in painstakingly uncovering and recording the truth. Confronting the past remains an important element in the decision to refer cases to international criminal tribunals.

The ad hoc international criminal tribunals were augmented by the International Criminal Court ('ICC'), established under the 1998 Rome Statute. The ICC has a complementary jurisdiction, prosecuting persons alleged to have committed a listed war crime or crime against humanity within the territory or by a national of a State Party to the Rome Statute but only if the alleged offence is not being genuinely pursued by national criminal authorities. There are also hybrid tribunals, such as the Special Court for Sierra Leone and the Extraordinary Chambers in the Courts of Cambodia, which introduce an international element into what are essentially domestic courts, in order to provide some international oversight and objectivity in the trial of serious and acutely political crimes.

Despite this increasing engagement between international law and individuals, however, the particular focus of international law remains fixed upon States. Chapters 4–7 explore some of the ways in which the principles of international law define the structure of international relations.

Chapter 4
Freedom from external interference

There are two things that people tend to expect from the law: that it keeps other people off their backs and leaves them free to organize their lives as they choose, and that it climbs onto other peoples backs so as to oblige them to do things for the common good. These functions, which are not mutually exclusive, correspond to two ways in which States come together to achieve common goals: by decentralized, ad hoc arrangements to meet particular needs, and by the creation of pre-planned systems and processes in which States are organized for the pursuit of agreed aims.

International law supports both approaches. Chapters 4 and 5 consider the ways in which international law underpins and secures the freedom of States; and Chapters 6 and 7 consider the attempts made to organize areas of international activity by using the mechanisms of international law.

This is far from being the only way that international law can be examined. Accounts of international law could be written that emphasize the ways in which its principles have operated to support colonialism and the commercial imperialism that has succeeded it, or the ways in which its principles are largely derived from Eurocentric legal and political concepts, or the ways in which its principles reflect the preoccupations of male-dominated societies or of western class structures. I make no claim that the perspective adopted here is more insightful (let alone more truthful or accurate) than any other. The best perspective depends upon what you want to see; and I have assumed that most readers will want to increase their understanding of international law in a way that meshes with what they hear and read about it in the English-language news media and in books written by scholars working in adjacent disciplines such as international relations. The preoccupations in the media are with the role of law in the control of international violence and in securing cooperation to address what are regarded as the major international problems of the day.

With the warning that this text has, in the language of theatre box offices, a restricted view, I move on in this chapter to examine one aspect of the assurance of the sovereign equality and independence of States and the freedom that it entails for each of them: the freedom from external interference, and in particular the freedom from forcible coercion by other States.

The prohibition on the use of force in international relations

The concept of freedom from external coercion has been a persistent theme of international law. It was particularly prominent in the writings of international lawyers such as Grigory Tunkin, schooled in Soviet theories of international law, for whom peaceful coexistence between States was the fundamental value and aim of the international legal system. The legal duty of foreign States not to interfere in the affairs of other States was a useful reinforcement of more positive formulations of the supremacy of the will of the people: both supported the view that each State must be left free to pursue its own chosen goals. If global revolution was not a realistic objective, at least the revolutions in individual countries could be protected; and for non-revolutionary States, there was the prospect of being left to their reactionary ways. So the theory went; and it was one of the axioms that supported the peace during the Cold War.

The basic concept that States have a right to go about their business in peace, free from intervention and coercion by other States, remains central to international law even though the principle of peaceful coexistence is now rarely referred to by name. One of the clearest principles of contemporary international law is that States are not free to threaten or use military force against each other or to intervene in each other's affairs. That is one reason why, for example, western States have been ready to take action against terrorist groups in Iraq, where the States act at the invitation of the Iraqi government, but have been very reluctant to take such action in Syria, where there is no such invitation.

The view that the right of nations to use force against each other is constrained by at least some rules of conduct is ancient, and it extends across many, perhaps all, cultures. Indeed, reference to the *right* to use force in international relations, rather than to the *fact* of the use of force, carries the necessary implication that the use of force is constrained by rules. Three sets of issues arise: in what circumstances may force be used? what weapons and methods of waging war may be used? and who is entitled to use force?

The rules of international law relating to war are traditionally divided into two parts: the *jus in bello* (also called international humanitarian law, or 'the laws of war'), which governs matters such as prohibitions on certain weapons and ways of waging war against other nations, and the *jus ad bellum*, which limits the circumstances in which there is a right to use even lawful methods of waging war—that is, limitations on the right to go to war at all.

Fighting within the rules: the *jus in bello*

The earliest rules relating to the use of force focused on the limitations upon the ways in which a war may properly be fought. The use of gratuitous violence which serves no military purpose or which causes unnecessary suffering is depraved, and it is natural that it should be forbidden as a matter of fundamental morality, even in circumstances where there are no clearly established rules as to when force may be used at all.

Prohibitions on certain ways of fighting are found in the most ancient legal texts. The use of poisoned weapons and the killing of people who have surrendered was prohibited by the *Dharmasastra* texts in India more than 2,000 years ago, for instance; and similar rules appear in the Deuteronomic code in the Bible. There have long been explicit agreements between States limiting the kinds of force that can properly be used: the 1868 Declaration of St Petersburg, under which the Parties renounced the use of small explosive shells that injured rather than killed and were thought to cause unnecessary suffering, is one example. This tradition of outlawing certain weapons and methods of warfare continues to the present day, with bans on biological and chemical weapons and anti-personnel landmines reflecting the response of the international community to the more recent creations of those whose contribution to human well-being consists in the invention of increasingly profligate ways of maiming and killing.

It is sometimes thought bizarre that the law should outlaw some weapons, such as poison gas, but give what appears to be approval to other means of killing. For someone who is committed to absolute pacifism, that position is indeed unreasonable. But for the majority of people, who are willing to accept the use of potentially lethal force to protect important interests or values in at least some circumstances, it is no more odd than permitting the police to question suspects while prohibiting them from using torture. The rules of the *jus in bello* are an essential acknowledgement that we share a common humanity with our enemies. Although we may ultimately be prepared to kill in order to prevent them doing certain things, we are nonetheless killing fellow human beings; and whatever the rightness of our cause, the use of unnecessary violence can never be justified. The weight of that observation is rarely felt more keenly than it is by the military officers whose job it is to decide whether particular proposed uses of force are justifiable.

The International Committee of the Red Cross ('ICRC') was established in 1863 by Henri Dunant (a somewhat controversial Swiss businessman, later awarded the first Nobel Peace Prize for his humanitarian work) and four of his colleagues, and has been pressing the cause of humanitarian law ever since. The ICRC, which was itself awarded the Nobel Peace Prize in 1917, has promoted many efforts to set out and to secure the implementation of rules limiting the barbarity of war, beginning with the 1864 Geneva Convention for the Amelioration of the Condition of the Wounded and Sick in Armed Forces in the Field, and continuing through to the current (1949) versions of the Geneva Conventions and the Protocols that supplemented them.

There are many generally accepted limitations on the weapons and tactics that may be used in wartime. Many of them are set out in the four Geneva Conventions of 1949, and the two Additional Protocols of 1977 which deal respectively with international armed conflicts and with non-international (internal) armed conflicts. (A third protocol, adopted in 2005, adopted the 'red crystal' as an international symbol to indicate protected persons and objects, alongside the red cross and red crescent symbols.) The Geneva Conventions also prescribe rules on matters such as the treatment of prisoners of war, and on the rights and duties of States that are in occupation of foreign territory. The latter rules, along with rules from the 1907 Hague Convention on the Laws and Customs of War on Land, are applicable to the Israeli occupation of the Occupied Palestinian Territory in the West Bank and Gaza, for example.

On some questions of humanitarian law, States disagree. For example, some States oppose moves to ban cluster munitions—shells that burst open to release many small bomblets, designed to kill people or destroy military matériel. These munitions, along with land mines, are a major cause of post-conflict injury and death, because armies rarely clean up completely what are called (in the language of Protocol V to the 1980 Convention on Certain Conventional Weapons) the 'explosive remnants of war'. They are left lying around, and may be picked up or accidentally detonated by children or other civilians. The risks associated with the use of such munitions is horribly evident; but to support a complete ban on them would require a State to decide that their use could never be justified, no matter how desperate the military situation or how sincere the commitment to clean up the battlefield after the conflict. One can see the reasoning of the States that oppose outright bans, even if one does not accept it; and they are, of course, the States most likely to use such weapons.

The most notorious difference of opinion on international humanitarian law between States concerns the treatment of persons said to be implicated in what the administration of US President George Bush labelled 'the War on Terror'—a term that owes more to public relations thinking than it does to the law. Many such persons, not members of any regular army, were categorized as 'unlawful combatants' and detained without trial in the detention facility operated by the United States in Guantanamo Bay, on territory leased by the USA from Cuba. Many of them were not even charged with having committed any criminal offence—let alone convicted of any such offence. They were denied both the protections afforded by the Geneva Conventions to members of regular armed forces acting in accordance with the laws of war, and also the protections that US domestic law would give to persons prosecuted under the normal criminal law for murder and other offences. The mistreatment of detainees, through their detention without charge and by subjecting them to 'enhanced interrogation techniques' such as water-boarding (which were examined in detail in the US Senate report on the CIA's Detention and Interrogation programme and use of various forms of torture), aroused great public concern and seriously tarnished the reputation of the United States and the other States that colluded with it, justifying their actions by the need to act to protect freedom in western States.

Progress on the reduction of unnecessary suffering in armed conflict is slow and piecemeal; and on some questions there is no international consensus. There are, however, four basic principles firmly accepted by all. These are the principles of (1) *military necessity* (which permits the use of only that degree and kind of force, not otherwise prohibited by the law of armed conflict, that is required to achieve the legitimate military purpose of the conflict); (2) *distinction* (which requires discrimination between the armed forces and military targets and, on the other hand, non-combatants, civilians, and civilian targets); (3) *proportionality* (which requires that losses resulting from a military action should not be excessive in relation to the military advantage expected to be gained from the action); and, above all, (4) *humanity* (which forbids the infliction of suffering, injury, or destruction not necessary for the accomplishment of legitimate military purposes).

The implications of these principles, and of more detailed prohibitions on weapons and tactics, are spelled out in military manuals issued by many States, such as *The Manual of the Law of Armed Conflict* issued by the UK Ministry of Defence in 2004.

Serious violations of the laws of war, such as the deliberate targeting of civilian non-combatants or the wanton destruction of towns and villages, amount to war crimes, for which the perpetrators may be punished by national courts, or by an international criminal tribunal that has jurisdiction over the events in question. Such international tribunals have been established on an ad hoc basis following the conflicts in the former Yugoslavia and in Rwanda, and (in slightly different hybrid forms, as 'internationalized criminal courts'—national courts with some international judges) for Cambodia, East Timor, Kosovo, and

Sierra Leone. There is also the permanent International Criminal Court ('ICC') established in 2002 under the 1998 treaty known as the Rome Statute. By the end of 2013 the ICC had exercised its jurisdiction in relation to seven conflicts, all of them in Africa, and was investigating alleged war crimes and crimes against humanity in other situations.

The most significant aspect of these tribunals is not simply that they continue the practice of prosecuting war crimes, but rather that the tribunals follow the lead of the war crimes trials after the Second World War, prosecuting those at the highest levels of government, and not only the military personnel who carry out their instructions.

Fighting on the right occasions: the just war

The development of the *jus in bello* throughout modern history has been essentially in one direction: towards the increasingly strict limitation of permissible weapons and methods of war to those which serve the four key principles—military necessity, distinction, proportionality, and humanity. The development of the *jus ad bellum*, on the other hand, has a less clear trajectory. For most of the 20th century the trend was towards the limitation of the circumstances in which war could properly be used as an instrument of foreign policy. But in the past decade or so there have been clear signs of a partial reversal of that trend. Nonetheless, the basic view that armed force may be used against other States only in very limited circumstances remains unchallenged.

The 'Just War' doctrine, refined by Thomas Aquinas, writing within the Judaeo-Christian tradition, is among the best-known articulations in the English-speaking world of what became the *jus ad bellum*; but it is by no means the only or the oldest such tradition. For example, over a thousand years ago Shaybānī, who lived and worked in what is now Iraq, wrote in his *Siyar* of the constraints on the use of force against other peoples; and centuries before even that, the *Bhagavad Gita* reflected the distinction drawn in Hinduism between righteous and unrighteous wars. Much effort was expended in crafting justifications for particular wars around such criteria. The speech given by Archbishop Chichele (after whom the Oxford chair in international law is named) in Act 1 of Shakespeare's *Henry V* in order to justify the war against France is but one example of the seriousness with which such exercises were taken—and an eerie foreshadowing of the tortured explanations of the justification for the war against Iraq in 2003.

The importance of there being a reasoned justification for the waging of a war appears to have been relatively constant throughout history—unsurprisingly, given that even individual homicides have, it seems, always been thought to demand some justification if they are not to be treated as serious crimes. What has changed, however, is the nature of the justification. Whereas the just war theorists focused upon substantive justifications for international wars, by the end of the 20th century the emphasis had moved from substance to procedure.

Fighting on the right occasions: the *jus ad bellum*

Until the 20th century there was no specific prohibition in international law on resort to war. The first general legal limitation on the use of force came in 1907, when the States participating in the Hague Peace Conference (initially convened by the Tsar of Russia in 1899) adopted the Hague Convention on the Limitation of Employment of Force for Recovery of Contract Debts. The States Parties to that Convention agreed 'not to have recourse to armed force for the recovery of contract debts claimed from the Government of one country by the Government of another country as being due to its citizens'. That commitment prohibited, for example, the sending of gunboats to blockade or bombard the coast of a debtor nation in order to impress upon its government the importance of paying its creditors. That practice was not uncommon during the 19th century; and as late as 1902–3, Britain, Germany, and Italy sent warships to blockade the coast of Venezuela, which had defaulted on debts owed to nationals of those States. (Venezuela subsequently agreed to commit a portion of its customs receipts to the repayment of its debts, and to submit certain disputes arising from the claims against it to arbitration, organized by the Permanent Court of Arbitration at The Hague.) The prohibition on the use of armed force in these circumstances was an echo of the old 'substantive' approach of just war doctrine to the question of limitations on war.

While the use of war as an instrument of debt collection was recognized to be unacceptable in 1907, it was not until after the First World War that the idea gained traction that the use of war as an instrument of foreign policy might be more generally outlawed. The move came with the creation in 1919, in large part as a result of the efforts of US President Woodrow Wilson, of the League of Nations. The League was created

> in order to promote international co-operation and to achieve international peace and security
>
> by the acceptance of obligations not to resort to war,
>
> by the prescription of open, just and honourable relations between nations,
>
> by the firm establishment of the understandings of international law as the actual rule of conduct among Governments, and
>
> by the maintenance of justice and a scrupulous respect for all treaty obligations in the dealings of organized peoples with one another.

That creed, set out in the preamble of the Covenant of the League, was the expression of a vision of the world order that had been spelled out in Wilson's 'Fourteen Points', itself a curious mixture of general principles (such as absolute freedom of navigation on the

6. Sometimes we expect too much. There are limits to what international organizations can achieve.

high seas) and specific recommendations (such as the creation of the League, and of a Polish State) presented in a speech to the US Congress at the beginning of 1918 as 'the programme of the world's peace' (see Figure 6).

The League Covenant adopted what now appears an almost naive approach to the imposition of legal limits upon the waging of war. In Article 12 of the Covenant, Members of the League agreed that they would submit disputes 'likely to lead to a rupture' either to arbitration or to the Council of the League for decision, and that they would not resort to war until three months after the arbitration award or Council report. League Members agreed not to go to war against Members complying with awards and unanimously adopted reports, and to impose trade and other sanctions immediately upon Members resorting to war in defiance of such awards or reports. The League Covenant thus sought to avert recourse to war, by imposing a cooling-off period and by offering protection to those who handled disputes within the League system; but it did not actually prohibit recourse to war. This is the shift from substance to procedure, which accompanied the creation of international organizations within which those procedures could be pursued.

The importance of that shift is immense. Current debates over the propriety of the use of force in contexts such as Iraq (2003) and Libya (2011), and the Middle East more generally (2014 and *passim*), frequently focus upon the question whether the necessary authorization has been secured from the United Nations or an appropriate regional organization, rather than upon the substantive moral justifications for the use of force. While that shift may provide a check against rash unilateral actions on the part of individual States, it allows important and difficult questions of morality—and, indeed, of military strategy and practicality—to be sidestepped. Attention focuses on what is permissible, at the expense of consideration of what is justifiable and helpful.

The limited constraint imposed by the League Covenant was taken a step further, outside the League apparatus, in the 1928 Treaty for the Renunciation of War (or the Kellogg–Briand Pact as it is sometimes called, after its main architects Frank B. Kellogg and Aristide Briand, the Foreign Ministers of the USA and of France). The 1928 Pact was adopted by Germany, the USA, France, Belgium, Great Britain and its Dominions, Italy, Japan, Poland, and the Czechoslovak Republic; and it was subsequently ratified by many more States, almost all of which were, within a dozen years, mired in the Second World War. Article 1 of the Pact provided that

> The High Contracting Parties solemnly declare, in the names of their respective peoples, that they condemn recourse to war for the solution of international controversies and renounce it as an instrument of national policy in their relations with one another.

The scope of that self-imposed prohibition in the 1928 Pact was narrower than it might at first appear. The crucial qualification was spelled out by Sir Austen Chamberlain, the British Foreign Secretary (and, like Briand and Kellogg, a recipient of the Nobel Peace Prize), in a letter to the US Ambassador, in 1928:

> The language of Article 1, as to the renunciation of war as an instrument of national policy, renders it desirable that I should remind your Excellency that there are certain regions of the world the welfare and integrity of which constitute a special and vital interest for our peace and safety. His Majesty's Government have been at pains to make it clear in the past that interference with these regions cannot be suffered. Their protection against attack is to the British Empire a measure of self-defence. It must be clearly understood that His Majesty's Government in Great Britain accept the new Treaty upon the distinct understanding that it does not prejudice their freedom of action in this respect.

Nonetheless, the Pact had taken a decisive step in departing—cases of self-defence apart—from the idea that resort to war could be justified by the (alleged) justness of the cause that the war was intended to advance.

The League scheme and the commitment to the renunciation of war were not great successes. Hampered from the start by the refusal of the US Senate to consent to the United States joining the League of Nations, both the League Covenant and the Kellogg–Briand Pact proved ineffective in the face of incidents such as the invasions of Manchuria and Abyssinia and the 1932 Chaco war between Bolivia and Paraguay, not to mention the

Second World War itself. But, despite the failures, it seemed that there could be no going back when the United Nations was established in 1945 to succeed the League. The deaths of many millions of people—not only the millions, mainly young men, who volunteered or were conscripted into national armies, but also the millions more men, women, and children who were the innocent victims of war—and the glimpses of destruction on a scale almost beyond comprehension in cities in Europe and Japan, made it inconceivable at that time that resort to war could be rehabilitated as a routine instrument of foreign policy.

When the Charter of the United Nations was drafted, with the hope of creating an effective international organization whose first purpose was 'to maintain international peace and security', the prohibition was extended beyond 'wars' to all uses of force, whether or not they were on a scale or of a nature to be regarded as a 'war' (and there was, in any event, no clear definition of what did count as a 'war' for legal purposes). Article 2(4) of the Charter thus stipulates that:

> All Members shall refrain in their international relations from the threat or use of force against the territorial integrity or political independence of any state, or in any other manner inconsistent with the Purposes of the United Nations.

But even here the prohibition is not absolute. Echoing the Chamberlain proviso of 1928, Article 51 of the Charter goes on to provide that:

> Nothing in the present Charter shall impair the inherent right of individual or collective self-defence if an armed attack occurs against a Member of the United Nations, until the Security Council has taken measures necessary to maintain international peace and security. Measures taken by Members in the exercise of this right of self-defence shall be immediately reported to the Security Council and shall not in any way affect the authority and responsibility of

> the Security Council under the present Charter to take at any time such action as it deems necessary in order to maintain or restore international peace and security.

Article 51 preserves both the right of individual self-defence and the right of collective self-defence. The right of individual self-defence might be thought to be inherent. No legal system obliges people to sit passively and accept an unlawful attack upon themselves: there is always a right to take action in self-defence. (And legal principles common to all or most of the major legal systems of the world are regarded as a source of international law, in contexts where there may appear to be no other governing principle of treaty or customary international law.) The right of collective self-defence enables States to band together in defensive alliances, such as NATO (the North Atlantic Treaty Organization), established in 1949 to defend the West against threats from the Soviet Union and the East, and the Warsaw Pact, established in 1955 to defend the Soviet Union and the East against threats from NATO. The principles set out in Articles 2(4) and 51 of the Charter remain the framework within which international relations are conducted, insofar as the use of force is concerned.

Here again the approach to the regulation of armed force is essentially procedural. The Article 51 right of self-defence exists only 'until the Security Council has taken measures necessary to maintain international peace and security', and the focus thus shifts to the Security Council as the body which in any international crisis will quickly assume the responsibility for determining what, if any, force is to be used, and by whom.

The Security Council lies at the centre of the UN architecture. It consists of representatives of fifteen States: the five permanent members (the 'P5'), China, France, Russia, the UK, and the USA, and ten others elected for two-year terms by the UN General Assembly having regard to the contributions made by each State to the maintenance of international peace and security, and to the principle of the equitable geographical distribution of Security Council members.

It was intended by the drafters of the Charter, in the pre-Cold War years of the 1940s, that the Security Council should have at its disposal a standing UN military force which it could deploy as necessary in order to avert threats to international peace and security. That plan failed to materialize. Post-war austerity and Cold War pressures conspired to extinguish any possibility of such a permanent UN force, with the result that if the UN wishes to direct that military action be taken it must do so by calling upon Member States to place forces temporarily at its disposal. There have been more than sixty UN Peacekeeping Operations conducted on this basis since 1945, and UN forces remain in place in situations such as Cyprus, Lebanon, and Sudan. But the UN can only do what its Member States enable it to do; and the record of Member States in contributing to the UN is not very encouraging. As with all international organizations, we sometimes expect too much of it.

The Security Council has very extensive powers, particularly under Chapter VII of the Charter, which empowers the Council to impose legally binding obligations on Member States to implement measures, including the use of force, which it considers necessary for the purpose of maintaining or restoring international peace and security. The Council acts under Chapter VII when it imposes mandatory sanctions, such as trade embargoes or no-fly zones, upon miscreant States. But in the present context what is important is the fact that the deployment of force at the direction of the Security Council is a further exception, alongside the right of self-defence, to the basic prohibition on the use of force in international relations. This power was used, for example, to authorize US-led coalitions to take action against North Korea following its invasion of South Korea in 1950, and against Iraq following its invasion of Kuwait in 1990. It is, however, much more common for the UN to deploy forces which do not actually fight against one side in a conflict, but rather act as a buffer between the two warring sides, and which remain in place only so long as the State on whose territory they are stationed consents.

It was the legal protection allegedly offered by way of Security Council authorization that the United Kingdom and the United States sought to invoke prior to the invasion of Iraq in 2003, although the Security Council resolutions on which their argument depended appeared to most people to provide no warrant at all for that invasion. Nonetheless, the contorted arguments constructed by the UK and the USA were at least an indication that legality was a factor that they were taking into account. Better that than a view that the law did not matter and could be entirely ignored.

This does not exhaust the qualifications to the basic principle prohibiting the threat or use of force. On several occasions States have used limited force to rescue their nationals whose lives were in danger within the territory of another State. The Israeli operation in 1976 to rescue its nationals held hostage on a hijacked French aircraft that had landed at Entebbe airport in Uganda is one of the clearest examples. There was widespread, but by no means universal, support for the view that if the lives of a State's nationals are in grave and imminent danger abroad and the territorial State is unable or unwilling to act to secure their safety, the national State may itself use the minimum force necessary to rescue them. The inability and unwillingness of the territorial State is, however, difficult to establish (a problem which accounted for much of the disagreement over the Entebbe episode), and States always prefer to engage in such rescue missions with the consent of the territorial State if they can obtain it, rather than invoke the controversial right to act unilaterally.

A further limitation arises from the fact that the principle prohibiting the threat or use of force applies only in the context of international relations: governments may use force internally, within the State, without violating Article 2(4) of the UN Charter. This must be so, up to a point. If a group of protesters occupies government offices, no one would expect international law to forbid their eviction, even if it involved the use of force—subject, of course, to limits upon the kind and degree of force that is used, which is ultimately constrained by rules of human rights law. If the protesters dig in and arm themselves, the force necessary to eject them may be considerable. It may be that the government cannot regain control and restore its authority without outside assistance, whether that be from some Mephistophelian arms dealer or from a supportive State. It is perfectly lawful to give such assistance to incumbent governments. Indeed, if the assistance maintains the authority of a legitimate government and so promotes international stability, it is likely to receive widespread approbation. There is, however, a limit to this logic.

While international law does not say that there comes a point where a government must actually give up and yield control of all or part of its territory to insurgents, it does say that when the conflict reaches the level of a civil war, outside States must not intervene and must not assist either the government or the insurgents (for example, by supplying either side with armaments). This stance is rooted in the conception of internal sovereignty. The principle is that the people of each State have the right to determine their own future, and not to have that future determined or imposed by the military intervention of third States. The right is, of course, imperfect: third States are free to choose what political and economic links they would have with a restored government or with a new government established by the insurgents, and that choice may have a decisive influence upon the viability of the successful party in a civil war. Nonetheless, international law does at least seek to exclude the most egregious examples of the installation of puppet regimes and proxy wars.

The law does not stand still. Customary law, in particular, is constantly adjusting to changing situations and expectations. The move towards the establishment of a right of humanitarian intervention is a case in point. In the face of harrowing reports of ethnic cleansing and massive human rights violations in the former Yugoslavia in the late 1990s, neighbouring States appeared to have no legal basis upon which they could intervene. The conflict did not directly threaten them, so no right to use force in self-defence was available. The incumbent government, in Serbia, was certainly not inviting the use of force against it. The Security Council had not authorized the use of force. Those in danger were not identified as nationals of the outside States. And yet in the aerial bombing campaign that began in March 1999, NATO launched over 10,000 air strikes against Serbian forces in the Serbian province of Kosovo. Differing views were taken of the legality of this action, not least because it was an unexpected extension of the prescribed scope of the NATO powers as a collective self-defence organization. Perhaps the most accurate characterization of the campaign is that it was an action which the participating States considered to be morally and politically justified, and that those imperatives overrode whatever doubts there might have been concerning its legality under the established rules of international law. Some would go further and argue that the campaign was an exercise of a legal right of humanitarian intervention, though it is very doubtful if any such right antedated the Kosovo bombings.

The episode is a classic case of the development of international law in response to situations for which existing rules are ill suited. The idea that neighbouring States should be obliged by law to stand by and watch the most appalling and systematic large-scale human rights abuses is one that would lead many people to say that the law must be changed (and also to ask what is the point of maintaining huge standing armies if they do nothing to avert such atrocities). The UN Charter could, in theory, be renegotiated to create a further exception to Article 2(4), permitting the use of force if it is necessary to prevent massive and serious human rights violations; but renegotiation would take a long time, and it is probable that there would be enormous difficulty in obtaining agreement on the definition of a provision that would permit militarily powerful States to intervene in weaker States. By taking unilateral action and offering a reasoned justification for it, however, the proponents of such intervention can try to launch a new rule of customary international law.

If other States accept or acquiesce in the action, it will become accepted as action that is consistent with international law; and as evidence of support for the rule gathers and hardens, a new right will emerge. If, on the other hand, the action meets overwhelmingly with protests and objections, it will not pass into customary international law. It is true that in principle, even if there is a right in customary international law to engage in such novel action, it would not free States of their obligations under more restrictive treaties, including Article 2(4) of the UN Charter. But international law is nothing if not pragmatic. It is recognized that the Charter is an organic, evolving structure; and modifications of this kind are tolerated and absorbed into international practice. The 'humanitarian intervention' in Kosovo, which was not condemned (but was not expressly condoned) by the Security Council, appears to be gaining wider acceptance, as calls for intervention in other situations, such as the Great Lakes conflict in Africa and the situations in the Middle East, demonstrate.

I have focused on the right of States to be free of armed intervention from outside, and on clear cases involving that right. As is the case with all legal rules, however, there is a penumbra, an area where it is not entirely clear whether actions do or do not fall under the prohibition. For example, what of economic coercion, such as suspending trade links or government loans, but not involving armed force? Here the answer is tolerably clear.

Attempts to bring economic coercion explicitly within legal definitions of aggression and unlawful armed force have been made and have failed; and while economic coercion may in some cases violate international trade rules (including WTO rules) and the principle of non-intervention (to which I shall shortly turn), as a matter of law it is not equated to uses of armed force.

To take another example, does assistance for rebels within a State violate the prohibition on the threat or use of force in Article 2(4)? What if the assistance consists in training the rebels, or arming them, or only in financing them? These questions were discussed by the International Court in the *Nicaragua* case in 1986, in a judgment upholding Nicaragua's complaint that the USA had acted unlawfully in supporting the Contra rebels in their fight against the Sandinista government. The higher levels of involvement may amount to indirect uses of force in violation of Article 2(4); and a much wider range of assistance than that will violate the principle of non-intervention.

Before turning to the question of non-intervention, I should say something about the degree of compliance with the international law on the use of force. The catalogue of exceptions may leave the prohibition on the use of force looking a little ragged: self-defence; Security Council authorization; rescues of nationals (perhaps); force used by incumbent governments; humanitarian intervention (perhaps). In practice, however, the prohibition on the use of force in international relations is remarkably well established.

It may seem disingenuous to write of a general international practice of following the prohibition on the threat or use of force, given episodes such as the conflicts in Vietnam, the Middle East, the Great Lakes region of Africa, Sri Lanka, Iraq, Afghanistan, Georgia, Ukraine—the list goes on and on. But what is crucial for the emergence and survival of the legal principle is not its complete observance but rather the fact that what may appear to be (and may in fact be) violations of the rules should be explained by the States involved in terms that implicitly affirm, rather than deny, the continuing validity of the rule.

Thus, when Israel and its Arab neighbours fought in the Six-Day War in 1967, both sides claimed to be acting in self-defence and therefore in accordance with Article 51 of the Charter, and not in violation of the prohibition on the use of force set out in Article 2(4). Similarly, when the USSR (as it then was) invaded Afghanistan in 1980, and the USA invaded Grenada in 1983, it was claimed that the intervening State had been invited in by the legitimate government of the State concerned. If those claims were true, the interventions would have been consistent with international law because, as I explained above, self-defence and the provision of military assistance at the request of an incumbent government are outside the international law prohibition on the use of force. From the point of view of the stability of the Rule of Law what matters more than the question whether the claims were in fact true is the fact that the episode is explained in a way that purports to demonstrate that the intervening State acted within the rules of international law. In that way the importance of the rules, and the continued respect for the rules, is signalled. Hypocrisy is the tribute that weak and sinful man pays to the law. The time to become really worried is when States do not care whether their actions are lawful or not.

There is another point, even more fundamental, to recall. It is that the appraisal of action by reference to the standards of the law is something that we choose to do: it is not inevitable. This is so obvious at the domestic level as often to be overlooked. If a dispute arises with a neighbour, only a sociopath would turn immediately to the law to resolve it. The natural response is to discuss it and to reach a practical accommodation which may bear no relation to the respective legal rights and duties of the parties. Even police forces and regulatory agencies routinely go about the business of 'enforcing' the law by informal means. The fact is that the cost to society, and to all the individuals involved, of pursuing legal remedies for every wrong would be practically all-consuming. No society could function on that basis. One chooses which disputes are best handled through formal legal procedures and which disputes are not.

It is much the same with international law. Some disputes are treated as legal, and a solution in line with international law is demanded. This was the case with the Iraqi invasion of Kuwait. Other disputes are treated as essentially 'political', so that the search for a settlement is by no means limited to the range of solutions that give effect to the rights and duties of the Parties. The situation of the Palestinians is an example. For decades, negotiations have been couched not in terms of what international law requires or forbids but rather in terms of what concessions might reasonably be expected or made. It is an interesting question whether there is a coherent set of principles—meta-principles—hovering above law and *realpolitik* alike, and directing disputes down one or other track, legal or extra-legal; or whether the lesson is that in every legal system there comes a point where a determination to disobey the law is unassailable because there is no realistic possibility of the community being able to marshal the resources that would be necessary for an attempt to coerce the parties into compliance with the law. Put another way, law is ultimately no more than one among several frameworks from which we may choose, within which conflicts may be adjusted.

Non-intervention

In much the same way that the most widespread and pernicious forms of domestic abuse are (arguably) not physical violence but the application of psychological and financial pressure, the use of force is not the biggest threat to the principles of autonomy and equal dignity in international relations.

I noted in the previous section that although economic aggression was not regarded as falling within the scope of uses of the force proscribed by international law, it could amount to a violation of the prohibition on intervention in the internal affairs of other States. Article 2(7) of the UN Charter stipulates that nothing in the Charter 'shall authorize the United Nations to intervene in matters which are essentially within the domestic jurisdiction of any State', except insofar as this results from measures taken by the Security Council under Chapter VII of the Charter. The clear implication is that the UN should not interfere in a State's internal affairs; and there is a general understanding that, similarly, no State should interfere in another's internal affairs. Again like domestic abuse, what goes on behind the front door is, on this view, no one else's business.

While the non-intervention principle may remain more or less intact, the notion of what amounts to 'internal affairs' and the point at which something becomes a matter of broader public concern have undergone profound changes. The most obvious development has been the growth of international (as opposed to national) human rights law. During the first half of the 20th century there were many cases before international tribunals in which States were held liable for failures to observe the international minimum standard of treatment of foreign nationals, for example by failing to provide basic protection against mob violence or to investigate crimes committed against foreigners. But the way that a State treated its own nationals was not regarded as a matter of international law or as a proper concern of other States.

The shock and outrage at the revelation of industrial-scale killings, not only in Nazi Germany but under other savage and ruthless regimes too, changed this perception. Genuine concern to secure basic human rights, coupled with a desire to tie down governments whose treacherous abuse of their own citizens could easily trigger international conflict, created an atmosphere that was unusually receptive to idealistic projects. During the 1940s and 1950s, seminal texts such as the Universal Declaration on Human Rights (1948) and the European Convention on Human Rights (1950) were not only drafted but solemnly adopted by States. The European Convention created a mechanism by which one State Party could take another before the European Court of Human Rights alleging that it was failing to observe its human rights commitments even in its own territory. The cases brought by Ireland against the UK, by Cyprus against Turkey, and by Georgia against Russia, are among the cases brought on this basis. Less prominently, but much more commonly, States make public criticisms or diplomatic representations to each other concerning human rights issues. Though these are sometimes rebuffed as unwelcome, few would now say that such statements are actually unlawful interferences in internal affairs, incompatible with States' duties under international law.

As the interdependence of States becomes ever more apparent, the category of domestic actions which are regarded as matters in which foreign States have a legitimate interest is steadily growing. Environmental and economic problems can rarely be confined within national borders, and while the core principle of the independence and autonomy of each State remains intact, its application is tempered by the increasing appreciation that even in the exercise of their independence, through choices concerning the use of resources and economic policies, States cannot behave without regard for the consequences for their neighbours.

Sanctions

Sometimes States do not stop at words, but try overtly to force another State to change the way in which it behaves. Pressure may be applied by withholding foreign aid, imposing restrictions on imports or exports, imposing travel bans on named individuals, and similar acts of retorsion.

Sometimes the pressure may take the form of action that is a prima facie violation of international law, such as an asset freeze in which dealings with property located within the jurisdiction of the State taking the counter-measures—for example deposits in bank accounts belonging to the wrongdoing State or to particular individuals or companies associated with it—are forbidden. Such interferences are tantamount to seizures of foreign property, and are lawful only because they are justified as counter-measures, or are imposed as sanctions mandated by the UN Security Council.

If ordered by the UN Security Council the duty to implement such sanctions can be made binding upon all States because that is the rule set out in Chapter VII of the UN Charter, which all States accept when they become Members of the United Nations. In practice, it is more common for sanctions to be orchestrated by individual States and their allies, or by regional organizations such as the European Union and ECOWAS (the Economic Community of West African States). To the extent that such non-UN sanctions would in principle violate international law, they are justified as counter-measures.

Sanctions are often criticized as a blunt instrument that hurts the poor and weak more than those individuals who are actually responsible for the wrongdoing of miscreant States. In recent decades much effort has been put in to the fashioning of 'smart' or 'targeted' sanctions, aimed at strategic industries and transactions, and at key institutions and members of the ruling elite within the State. Such targeted sanctions can be very specific, as in the case of the ban on exports of Rolex watches to North Korea imposed in 2006, which was aimed practically personally at Kim Jong-il, then Head of State. But the 'smartness' of sanctions is far from perfect. Apart from the fact that ingenious and lucrative schemes for evading sanctions almost inevitably spring up, problems arising from the inconsistent transliteration of names from non-Latin scripts and from the common refusal of States on security grounds to explain why individuals are included in lists of sanctions targets can give even targeted sanctions regimes a quality more reminiscent of Kafka's judges than of the precision engineer.

Economic sanctions may lack the immediacy of the expeditions of gunboats, such as the European warships that blockaded Venezuela in 1902 when it refused to repay its foreign debt. But, while uses of military force to try to compel States to change their behaviour are widely regarded as an anachronistic and unpalatable form of bullying, trade sanctions can inflict much greater damage on the target State. Moreover, the prohibition of supplies of goods and services to a State is often a very indiscriminate tool. Even if food, clothes, and medicines are exempted from the bans, shortages of fuel and machine parts can quickly reduce levels of economic activity. Lack of employment, money, and transportation, and deteriorating infrastructure, can rapidly lead to sickness and poverty and cause severe hardship.

To take one example, while estimates vary widely most accept that the number of deaths resulting from economic sanctions against Iraq during the confrontation with Saddam Hussein must be measured at least in the tens of thousands. The Office of the UN High Commissioner for Human Rights reported in 2000 that the maternal mortality rate in Iraq increased from 50/100,000 live births in 1989 to 117/100,000 in 1997, while the infant mortality rate rose from 64/1,000 births in 1990 to 129/1,000 in 1995. The governing elites responsible for the errant behaviour of States are usually able to ensure that they themselves suffer relatively little from these effects. The weak and the poor, in contrast, are particularly vulnerable, and may bear the greatest weight of the hardships that the sanctions are intended to inflict. Economic sanctions may appear more 'peaceful' than military force; but they inflict their own form of suffering.

The limitations on the right to use such force are a key element among the principles by which international law secures the sovereign equality and independence of States against external threats. Chapter 5 pursues that theme, examining the principles of international law that spell out in positive terms the content of that equality and independence.

Chapter 5
Sovereignty inside the State

Why States still matter

Politicians are fond of referring to 'our way of life' and to the 'values' that underpin the State. Many people would question the idea that there is much in the way of a coherent body of values that are established and pursued across divisions of class, age, gender, religion, language, and ethnicity within a single State—to take only the most obvious social divisions that exist in States all around the world. Nonetheless, we do usually think of the rest of the world in terms of 'foreign' States and 'foreign' nationalities, and of the facile stereotypes that make nationality such a potent concept.

Increasingly, one might question whether nationality is the grouping that really matters. Governmental powers, economies, cultures, and many other social phenomena exist at local, provincial, national, regional, and continental levels; and it is at least arguable that the devolution of powers from the national to the local level, and the drift of powers from national governments to supranational bodies such as the organs of the European Union, is steadily eroding the practical significance of the nation-State from above and below. Indeed, it is not fanciful to view the EU, NATO, attempts to establish an Islamic caliphate in the Middle East, and attempts to persuade States to stand together to defend 'western values' as all being manifestations (among many others) of the same perception: that the nation-State is not the size or kind of social unit that is best suited to each and every one of the agendas and aspirations of its citizens and of those who govern them.

The answer to questions about the continuing utility of nationality obviously depends upon how one tests 'what matters'. It is probably true that, as a matter of fact, most inhabitants of the planet, most of the time, are not concerned with questions of international affairs or international economic or social policies. Life is generally lived locally, within a local rather than a national or international framework. Nonetheless, when action is required, to alleviate the effects of poverty or disease or flooding or drought, for example, one still looks primarily to national governments. They are the bodies that raise and spend most taxes, and that have most control over armed forces and over the roads and railways, the schools and hospitals, and so on upon which the citizens depend. National governments have the most control over matters such as immigration and emigration and international trade. Even in relation to matters such as policing and power supplies, in which local or regional authorities may be the primary controllers and determiners of policies and priorities, national governments usually have a degree of overarching or residual control that makes them the natural focus of social power and activity.

It is arguably the control of legislatures and taxation that makes national governments pre-eminent among the social institutions whose actions mould the character of everyday life. By stipulating in laws what must and what must not be done, and by exercising its control over the resources necessary to do those things, the national government—and with it, the nation-State—retains its primary importance. When one adds the special position of the national government's ministry of foreign affairs, which is the accepted contact point with foreign governments, the case for a focus upon the nation-State becomes overwhelming, no matter how active and flourishing informal trade and social links with foreign groups might be.

This is where the legal concepts of territorial sovereignty and of jurisdiction play a crucial role. Each State has the sovereign right to decide upon its social and economic structures, and to lay down laws that will have a major influence on the national character of the State and of life within it. The legal concept of jurisdiction determines the reach and priority of those laws. It sets the limits within which a State has the right to prescribe such rules, and also within which a State has the right to enforce them.

Jurisdiction and the State

The basic principle is that jurisdiction is territorial: that is, the legislature of a State has the primary right to set the laws that apply to everyone within the borders of the territory of that State. It is an aspect of territorial sovereignty, and of the right of self-determination set out in instruments such as the 1966 International Covenants on Civil and Political Rights and on Economic, Social and Cultural Rights, that States and peoples have the right to pursue their own economic, social, and cultural development, freely choosing the legal structures that support them.

It is this freedom that entitles the government of a State to decide if the *burqa* may be worn in public places, to choose to prohibit the sale or consumption of alcohol or opium, or the production of graven images or seditious or pornographic material, and to stipulate how many spouses each person may have and how old they must be, and whether citizens must pay for their own education or healthcare or transportation, and so on. The primacy of territorial jurisdiction and the freedom to choose the social structure secures the right of societies to be different.

That freedom is not unlimited: it is constrained by obligations of the State under international law, of which the most significant in practice are those arising from human rights laws and from various trade and economic agreements that provide rights for people to enter and work in the States Parties to them.

The European Convention on Human Rights ('ECHR') is, alongside the similar Inter-American and African conventions, one of the major regional human rights conventions. The States Parties to those conventions have chosen to bind themselves to secure certain fundamental human rights for all people within their jurisdiction—which, in the case of the ECHR, includes not only the territory of a State but also areas and situations abroad that are under the control of the State, as the so-called 'Turkish Republic of Northern Cyprus' is under Turkish control and jurisdiction, and British military personnel and the prisons that they operated in Iraq during the second Iraq War were under British control and jurisdiction. The right to life, the prohibitions on torture and arbitrary detention and punishment, the rights to freedom of thought and expression, and the prohibitions on discrimination are among the rights and duties secured by the ECHR and other human rights instruments; and the list has been greatly augmented by the adoption of protocols adding to the basic convention rights and, above all, by the exegetical decisions of the European Court of Human Rights and its equivalents elsewhere.

Like all treaty obligations, States' obligations under the ECHR are self-imposed. They bind only those States that have chosen to become Parties to the ECHR; and it is wrong to suggest that they are somehow foisted upon Member States—though it must be admitted that it is unlikely that all States foresaw the extent to which the ECtHR would apply the broad principles of the ECHR's fundamental rights to the minutiae of everyday life. Moreover, even if the ECtHR (which is a Council of Europe body, quite separate from the European Union) declares that a particular decision or law of a Member State is incompatible with the ECHR, that ruling does not automatically override national law. A State in breach of the ECHR is obliged as a matter of international law to take steps to bring itself into conformity with its ECHR obligations; but if the State does not do so, the State's own courts and authorities will comply with national law. Only if the State's own national law directs its courts and authorities to give precedence to the ECHR (or any other international obligation) over inconsistent national laws will they give the ECHR such precedence. And if the ECHR is thought to be too intrusive in its intervention into national legal systems, the Member States have it in their power to amend it—though it is well to remember that the ECHR rights were defined by those who fought in and survived the Second World War as a bulwark against the slide into State terror: it is not lightly to be put aside. But for as long as States choose to remain Parties to the ECHR, it will undeniably constrain the States' freedom to legislate as they choose.

This is not only true of human rights obligations: all treaty obligations constrain the States Parties to some extent. To take another example, Bilateral Investment Treaties ('BITs'), of which there are between two and three thousand worldwide, are very significant restrictions on what the States Parties can do in relation to investors from the other State. BITs typically prohibit discrimination against the foreign investors and require that they be accorded 'fair and equitable treatment'. The latter requirement is particularly trenchant: even if an investor is treated in a non-discriminatory manner in accordance with the host State's laws, it will be entitled to a remedy if it suffers loss as a result of some action which, though lawful, is unfair. An example would be the abandonment by a State of a commitment to maintain a particular tax regime, made to an investor who relied upon it in deciding to make the investment.

Accession to bodies such as the World Trade Organization ('WTO') and the International Monetary Fund ('IMF') have similar consequences. States may find themselves bound under international law not to provide subsidies to domestic industries, even indirectly through mechanisms such as tax breaks or subsidized energy supplies, and not to impose currency controls; and such constraints may have a considerable impact upon the government's freedom to choose its own economic policies. The point is well illustrated by the mass of international disputes that arose from the Latin American debt crises around the turn of the millennium, when investors and creditors invoked their rights against the governments of the States concerned. Scores of cases were brought against Latin American States by foreign investors before arbitration tribunals, as they were entitled to do under the terms of applicable BITs.

The sovereignty of a State is accordingly a central concept. Externally, with the aspect facing out to the rest of the world, it establishes the right of the State in principle to legislate as it chooses, and to build its own chosen kind of social, economic, and political order. But it also gives the legal capacity to enter into the very binding agreements which constrain the State's freedom of action. And internally, with the aspect of sovereignty that faces inwards to a State's citizens and courts and authorities, it gives the State the legal power to do what it chooses, consistently with the constitutional law of the State, even if that involves acting contrary to the State's international obligations.

Jurisdiction and territory

Every State has jurisdiction over its territory. That is obvious, and practically tautological given the concept of Statehood with which international law operates. The territory of the State is the whole of the area within its borders, and also the adjacent territorial sea, up to 12 miles from the coast. It includes the airspace above and the subsoil below. A State's airspace, in this context, is usually reckoned to extend up to the edge of the atmosphere, around 100 kilometres above the earth, beyond which is Outer Space, an area where international law (as understood by earthlings, at least) does not recognize that any State may gain exclusive rights. By a long-established legal fiction, ships and aircraft are also treated for jurisdictional purposes as if they are part of the territory of the State in which they are registered—the flag State—which may extend its laws to them as it chooses.

Jurisdiction at sea is a little more complicated. The territorial sea of a State (together with its seabed and the airspace above it) is regarded as being as much a part of its territory as is its land, though foreign ships have a limited right of navigation (innocent passage) through it; but beyond the 12-mile limit at sea matters are rather different. Until the late 20th century all the waters beyond the territorial sea were treated as high seas, free for use by ships of any State for fishing, navigation, overflight or any other lawful purpose. (Some States claimed 3-mile territorial seas with jurisdiction in a contiguous zone in respect of customs and fishing for a few miles beyond that; others claimed a 6- or 12-mile territorial sea; but there were no serious claims to a coastal belt wider than 12 miles.) There was thus a stark contrast between the territorial sea, in which a coastal State could exercise jurisdiction over all ships, regardless of their nationality, and the high seas, where (with the exception of ships engaged in piracy) ships were subject to the jurisdiction of their flag State alone.

In the 1940s States, recognizing the strategic importance of offshore oil supplies, began to claim exclusive rights over the continental shelf—the relatively shallow seabed beyond the limits of the territorial sea that is the seaward extension of the land mass of continents and islands, as distinct from the deep ocean floor. The USA, which led that move, has an extensive continental shelf; and the shallow waters of the Gulf of Mexico were an early target of the petroleum industry. The US lead was followed by other States, each unilaterally asserting its ownership of the resources of the continental shelf, and because of the generality of that practice and the absence of any significant opposition to it a new rule of customary international law swiftly emerged. States in areas such as the west coast of South America, however, have very narrow shelves and stood to gain little from the appropriation of the seabed resources. A parallel trend began in which those States asserted rights not only over the seabed resources, but also over the whole of the water column out to 200 miles measured from their coasts. Those claims were opposed by the traditional naval States, including the victorious allied powers in the Second World War (which were also major colonial powers), in particular because the claims were seen to threaten the high seas freedoms such as navigation and fishing from which they benefited greatly, and the opposition precluded the general acceptance of the practice that was necessary to generate new customary international law.

During the 1970s, however, the re-emergence into independent Statehood of many former colonies, coupled with the growing realization that the free-for-all high seas regime was leading to the serious over-fishing of commercial fish stocks, and that other interests in the seas (such as rights of navigation and overflight) could in fact be reconciled with the coastal State ownership of marine resources that was in practice necessary if rational resource management regimes were to be put in place, led to a radical change in the law. Following clear signs of a generally accepted change in State practice, the 1982 UN Convention on the Law of the Sea, which provides a comprehensive legal framework for the use of the seas, reflected this change by providing that each coastal State is entitled to exercise jurisdiction over the living resources (fish, whales, etc.) and non-living resources (oil, gas, gravel, placer deposits, etc.) of the sea and seabed, and over certain other matters including pollution, scientific research, and artificial islands and other installations (such as oil rigs, offshore waste disposal plants, and wind turbines), in a 200-mile exclusive economic zone ('EEZ') adjacent to its coasts. As part of the package deal that rendered this move acceptable to the traditional naval States, freedom of navigation and overflight was expressly preserved, in particular through key strategic straits such as the Straits of Gibraltar.

These developments regarding marine resources have a spatial aspect: they gave to coastal States new and extended maritime zones. But in essence they were jurisdictional, rather than territorial, developments. The EEZ is not actually a part of the territory of a State: it is an (admittedly, geographically defined) area within which the coastal State has a limited jurisdictional competence, tied to the resources (hence the name 'economic' zone) of the zone, including what may at first sight not seem like resources at all—economic goods such as wind power, and the cleanliness of the seas. The jurisdiction of the coastal State in its EEZ does, however, give it the ability to control and legislate for the exploration and exploitation of those resources.

The jurisdiction of a State means that it may regulate the conduct of all persons, regardless of their nationality, within its territory. The idea of conduct 'within the territory' of a State is more elusive than might be supposed. Sometimes States seek to extend their legislative jurisdiction over activities abroad that produce consequences within their territory. There is no significant problem with the archetypal examples of crimes that are partly located outside the territory of a State, such as cross-frontier shootings or postal crimes. If a person in Switzerland shoots someone across the border in France, or posts a blackmailing letter to that person, both Switzerland (as the State where the crime is initiated) and France (as the place where the crime is completed) would be entitled to exercise jurisdiction: they have concurrent jurisdiction over the whole crime, elements of which were committed in the territory of each of them. But the position with non-physical consequences is much less easy. What if the consequences are intangible and abstract?

The United States was particularly active in asserting jurisdiction on the basis of non-physical consequences affecting US territory or interests. For example, it penalized under its antitrust laws the organization of cartels outside the USA by non-US businesses, if the cartel had an effect upon competition in US markets. Such extensions of jurisdiction have often proved controversial. What may appear in New York to be an attempt by, say, a group of European companies to cartelize the US market may appear in Europe to be rational cooperation in order to compete successfully in US markets. Which view should prevail?

One might try to divide the situation up along territorial lines, and say that companies can cooperate in Europe, but that the USA retains the right to penalize any adverse effects of that cooperation that are proved actually to have been sustained on US territory without, however, ordering the cooperation to cease. But the problem is that in many situations the location of the 'effects' cannot be pinpointed, and that it is not possible to isolate the parts of an offence that occur within a State's territory and allow it to regulate them but not conduct outside the territory. For example, the effect of a cartel upon competition in foreign markets is a diffuse economic force. Even if the members of the cartel, in fixing standard conditions of supply or in carving up sales territories between them, had, say, the USA primarily in mind, the economic results of the cooperation between them might well have affected the markets in, say, Canada and Mexico and Russia, too. Can each of them penalize the cartel? And what if (as is not uncommon) some of the States, including their home States in Europe, actually encourage commercial cooperation in respect of foreign markets, in order to boost exports? Can the USA prohibit European companies from doing things in Europe that are actually encouraged by the EU itself?

Such problems are far from uncommon. Similar difficulties arise from the fact that so many transactions now involve electronic transmissions routed through servers in different countries. Many large international banking transactions pass through the computers of the US-based Clearing House Interbank Payments

System ('CHIPS'). Is the shuffling of electrons in a computer in New York (or wherever the servers in the network of computers may be located) sufficient to found US territorial jurisdiction over the transaction that it helps to execute? If the USA imposes sanctions on a State or individual who is the intended recipient of a transfer from an account in a British bank, and that transfer would routinely pass through the CHIPS system, would it be caught by US sanctions legislation? What if the UK had adopted no such sanctions, and neither the transferor nor the transferee had any contact with the United States and had no reason to suppose that US law might impede the making of the payment?

Those problems arise from the fact that a particular activity may involve elements occurring in several different States. Differences in the attitudes of those States to the activity can cause jurisdictional conflicts. Such conflicts can also arise because States assert jurisdiction not only on the basis of territoriality, but on the basis of other links between the State and the regulated conduct. The longest and most firmly established such link is between the State and the persons who have its nationality.

Jurisdiction and persons

These days we naturally think of the duty to conform in territorial terms: 'when in Rome, do as the Romans do.' In most early societies, however, social organization was based on the tribe or family rather than on particular geographical locations. The duty of obedience to 'the law' was personal: each individual was bound loyally to obey the commands of his overlord and king, wherever the king and his courtiers might wander. That deeply rooted human convention survives in the international legal system.

As a matter of international law, each State is entitled to make laws that its citizens must obey whether they are at home or abroad; and some crimes have a gravity that is considered by lawmakers to demand the prosecution of their perpetrators wherever they may have been committed. For instance, some States make it a criminal offence for their nationals to travel abroad in order to engage in the sexual exploitation of children, whether or not a particular activity is a crime in the foreign State where it is actually carried out. Treason, bigamy, and murder also fell into this category. More recently, narcotics trafficking, money laundering, piracy, and terrorism laws have also commonly been given what is known as 'extraterritorial' effect—that is, they apply to nationals of the State even when they are outside the territory of the State—reflecting the practical need to approach at least some forms of criminal activity on the basis that they are frequently international by nature, and do not have the localized focus of crimes such as theft and assault. A few States have also asserted jurisdiction over crimes committed abroad whenever the victims (rather than the perpetrators) have the nationality of the State; but such assertions have tended to attract widespread support only in respect of certain terrorist offences, such as hostage-taking.

It is often said that some crimes are regarded as so serious that, as a matter of international law, any State may prosecute a suspected perpetrator, wherever the offence was allegedly committed and even if the alleged perpetrator is not a national of that State. This 'universal' jurisdiction attached to piracy and slavery, both of them offences now enjoying something of a renaissance, and various 'crimes against humanity' such as genocide, grave breaches of the laws of war, and torture. In truth, it is hard to see that the 'seriousness' of these crimes explains universal jurisdiction over them. For example, piracy is not necessarily any more serious than any other form of armed robbery; and it is hard to explain why only the acts overseen by public officials count as torture, and not similar acts carried out by the enforcers of drug cartels and other criminal groups (although it is likely that quasi-governmental gangs imposing their own species of 'order' upon territories where there is no effective regular government will be assimilated to public officials in this context).

The main reason that certain crimes came to be subject to universal jurisdiction under customary international law is opportunistic. There are many crimes that are appalling and universally condemned; but in a much smaller category of cases it is common for the alleged perpetrators to have a considerable freedom to travel, whether because they operate (like pirates and the slave traders of old) at sea or because they have enjoyed the fruits of power and corruption within—and the practical ability to leave—the States where they have committed their crimes. In such cases the perpetrators often escape prosecution at home. These have been the kinds of people singled out for assertions of universal jurisdiction in the past. Indeed, they still are. There have been quite a number of attempts to arrest alleged 'war criminals', for example, when they have been on trips to London or New York or Paris or some other city where swift justice is open to all, including vigilant groups of political and human rights activists.

These days, it is much more common for extraterritorial jurisdiction over persons to arise by treaty than under customary international law. States will try to fabricate an international consensus and to adopt an international convention on the repression of certain defined crimes. The States Parties to such treaties, which apply to offences such as torture, corruption, and genocide, typically agree that any of them may prosecute offences committed in another State, unless they extradite the accused person to face prosecution abroad—usually in the State where the alleged offence was committed. The principle known as *aut dedere, aut judicare*—either hand over the person to another State that wants him or put his case to the prosecuting authorities of the State where he is found—has done much to encourage States to initiate inquiries into crimes that in the past may well have escaped investigation.

Jurisdiction and property

There have been occasional attempts to extend jurisdiction over other 'things' which are in essence treated as if they are property rights. Rights under the law of the sea over the EEZ resources might be looked upon as one example. Another is the rule of international law that has long permitted States to criminalize the counterfeiting of their currency by aliens abroad, as if there were some kind of intellectual property right that each State is entitled to protect in its currency. But when the USA attempted to extend its jurisdiction over goods incorporating significant proportions of US technology, prohibiting anyone, anywhere from selling such goods without US government permission to certain proscribed destinations as part of its sanctions programme, other States objected. To order a research establishment in Oxford not to sell to London University a super-computer bought from a US supplier without US permission, and to make that permission conditional upon students of certain nationalities not being allowed access to the computer, was a step too far. Plugging leaks in sanctions regimes is a classic role for international cooperation, not something that can be achieved unilaterally without treading on the toes—without invading the sovereign independence—of other States. The jurisdiction of States remains overwhelmingly territorial in its focus, although the duties of citizenship may tie individuals to their national laws as they travel around the world.

Enforcing the law

It is one thing to prescribe laws, another to enforce them. Enforcement jurisdiction is strictly territorial. While a State may make it an offence for one of its nationals to participate abroad in the planning of terrorist attacks, for example, the State cannot send its police into the foreign country to arrest that national. If it did send them in, without the permission of the foreign State, it would violate the sovereignty of the foreign State. Indeed, that sometimes happens: there are infamous examples of US drug enforcement officers crossing the border to seize wanted persons in Mexico, and taking them back surreptitiously to the USA, on occasion drugged and concealed in crates. Usually, however, States observe the proprieties of international law and if a State wants to prosecute someone for an offence committed abroad (or even for an offence committed within its own territory, if the suspected offender has fled abroad), it will request the return of that person. If the suspect does not return voluntarily, he may be arrested by the authorities in the State in which he is living and extradited to the State that wishes to prosecute him.

Most States will only extradite wanted persons if there is an extradition treaty in force between the requesting and the requested State. Such treaties, which may be bilateral or multilateral, or regional arrangements such as the European Arrest Warrant, typically only provide for extradition in relation to relatively serious offences, punishable by imprisonment for a certain minimum period. Some States refuse to extradite their own nationals under any circumstances; and most States refuse to extradite people who can show that they are being prosecuted for 'political' reasons such as opposition to the requesting regime.

Though the rules are quite distinct, the non-extradition of political offenders complements the principles of international law relating to refugees—that is, people who fear persecution in their national State because of their 'race, religion, nationality, membership of a particular social group or political opinion'. The Convention on the Status of Refugees, adopted in 1951 in the wake of the horrors of the Second World War and broadened in scope by a Protocol adopted in 1967, does not actually give refugees the right to enter another State in order to seek asylum. It says only that if they are in another State and do seek asylum, the authorities there may not return the asylum seeker to the frontiers of territories where his life or freedom would be threatened on account of any of the listed characteristics. The paradox of making what is widely, if inaccurately, thought of as the 'right to asylum' dependent upon what will often be an irregular entry into, or stay in, the State where asylum is sought is one (but not the only) factor that underlies the appalling trade in human misery and desperation which passes under the name of 'migrant smuggling'.

When laws collide

What happens when laws collide—when, say, State A legislates on the basis of territoriality and State B on the basis of nationality, and a person is caught between conflicting demands (see Figure 7)? Who has the power to decide if women must, or must not, wear a full-face veil—the *burqa*—in France, or may choose whether or not to do so? What if the French legislature enacts a law that forbids the wearing of the *burqa*, but some other State or other body (such as a religious authority) says that wearing a *burqa* is mandatory, and perhaps imposes penalties on those women who do not wear them? May any individual be punished by the respective authorities both for wearing and for not wearing a *burqa* (see Figure 7)? Does it make a difference if the ban attaches not to clothing but to alcohol, or to illegal narcotics, or to the possession of components of nuclear or biological weapons?

International law has traditionally given the primacy to the right of a State to regulate conduct within its own territory. This is, of course, a solution driven largely by common sense and expediency. The practicalities are obvious. The person concerned, the people most directly affected by the person's conduct, the evidence of any crime, and the physical presence of the police and other authorities will all be in the territorial location of the conduct. Because law enforcement is necessarily local, it is impractical not to allow the law of the place where the conduct occurs to have immediate priority. But it is also a matter of principle: to let the national law of the individual govern the matter within the State where the conduct occurs would contradict the principle of the

7. When municipal laws collide.

sovereign equality of States, upon which the international order is built. Subject to limitations imposed by human rights law, each State has the right to choose to prohibit certain kinds of conduct, no matter what other States may think. Of course, the question whether it is wise or even justifiable to do so is an entirely different matter. International law sets the limits to a State's jurisdiction, but it does not stipulate how the State must exercise that jurisdiction.

When an individual returns, his national State may take steps to prosecute in respect of conduct in which he engaged abroad, even if that conduct was lawful where it occurred. Treason and similar offences are becoming topical examples again: persons who have participated in terrorist activities or training abroad may be prosecuted on their return.

There are conflicts of policy that can cause difficulty to individuals caught between conflicting legal demands, or even caught in situations where one law forbids them to do something that they have a legal right or a freedom to do under another law which is applicable to them. The US antitrust laws and other trade laws that conflict with the legal regime in other parts of the world have already been mentioned as examples. When such situations arise the tendency is to deal with them initially on a pragmatic basis, by consultation between the authorities in the States concerned. Prosecutions and the imposition of regulatory controls are discretionary steps, and if State A can give a good reason for asking State B to refrain from penalizing conduct—for example, that most of the evidence relating to the offence is in State A and that State A intends to prosecute the suspected offenders—the authorities in State B will often decide not to exercise their jurisdiction, unless there is some particular reason for insisting that State B will pursue the matter. Such steps may not resolve the issue of principle, but they may at least limit the enforcement of contradictory laws to cases where the States concerned consider that it is imperative that they act.

In a growing range of areas, however, there is sufficient commonality of interest for States to agree upon principles allocating jurisdiction. No State is likely to declare publicly that it wishes to protect the interests of narcotic traders or terrorists, for instance: all will say that they wish those activities to be controlled. Thus, there are treaties concerning certain types of terrorist activity, such as hijacking of ships and aircraft, hostage-taking, indiscriminate attacks, and the financing of terrorist operations, which require that the States Parties establish their jurisdiction over specified offences and take steps to enforce their laws in defined circumstances. Many such treaties utilize the *aut dedere, aut judicare* principle. Similarly, there is a slow move towards agreement upon basic policies and principles in areas such as environmental law and economic law. Where all States (or all States Parties to the treaties in question) apply essentially the same rules, it matters much less which of them actually applies its laws in any given case.

Beyond, but not above, the law

Bookstores in Washington DC used to sell a Diplomatic Licence Plate Decoder, which enabled concerned residents, enraged at illegally parked diplomatic cars, to direct their anger in an appropriate direction. Most capital cities have residents suffering similar frustrations. The immunity enjoyed by foreign diplomats, and the more restricted immunities enjoyed by their staff and families, are designed to ensure that diplomats are not harassed by local authorities and to facilitate the discharge of their official functions; but that does not extinguish a widespread belief that diplomats are effectively above the law. That belief is compounded by the fact that local police have no right to enter or enforce the law within the embassies of foreign States. Thus it is that London police were stationed for years outside the Embassy of Ecuador, where WikiLeaks founder Julian Assange took refuge in June 2012. Mr Assange, who is not a diplomat, faced immediate arrest and extradition to Sweden if he stepped outside the inviolable premises of the Embassy.

Foreign diplomats and consuls are not above the law; but they are beyond the reach of the police. Under the Vienna Convention on Diplomatic Relations they enjoy specific exemptions from taxation and municipal dues—and the dispute over whether the London Congestion Charge is, as some foreign embassies maintain, a tax or, as Transport for London maintains, a permissible charge for services rendered, led to £82 million in unpaid fines on diplomatic cars during the first decade of the daily charge. But apart from such specific exemptions they are subject to the law and obliged to obey it like all others. What they are not subject to is the enforcement of the law. Diplomats may not be arrested or detained; diplomatic premises may not be entered; and diplomatic property may not be seized. If a diplomat is accused of committing a crime, the solution is to expel him or her, by declaring them *persona non grata*. In practice, miscreants are often sent home by their own authorities in order to avoid embarrassment.

A similar immunity from the enforcement of the law is enjoyed by States. States cannot be compelled to appear in national courts; their property cannot be seized, in the way that the property of private individuals can be seized to satisfy debts; and States cannot be fined or subjected to court injunctions. At a time when governments confined themselves to politics and government, and were essentially the instruments of the power of the sovereign, notions of the equality of sovereigns (and later, the sovereign equality of States) provided a reason for not forcing any State to comply with the laws of another.

State immunity used to be absolute, so that a State could not be sued for anything; but over the past century States have increasingly engaged in what is in fact plainly commercial activity. If a company supplies cement for the building of houses or factories, it seems unfair that they should be able to sue on their unpaid invoices if the supplies were bought by a private contractor but not if the concrete was purchased for the same project by the government. If a shipping line or airline damages goods that it has contracted to transport, why should it be immune from being sued if it is State-owned but not if it is privately owned? This question became more significant with the rise of the centrally planned economies in States such as the USSR and China, many of whose industries competed in world markets. Western States began to adopt legislation withdrawing immunity in cases arising from commercial transactions, preserving it only for the 'public', governmental acts of the State. Though difficult questions remain, such as the classification of transactions that have a commercial character but a 'public' purpose (the buying of boots for the army is commonly given as an example), the international consensus now supports this notion of 'restrictive immunity'. It has become the general rule of customary international law, reflected in a Convention on the Jurisdictional Immunities of States adopted by the UN in 2004.

Jurisdiction: a major tool of international law

Jurisdiction is the conceptual framework within which States get things done. It marks out the limits of each government's authority and legal power to regulate behaviour and to rule; and it enables governments to construct arrangements by which they can cooperate in achieving common goals. It secures their right to independence, and is the vehicle of their interdependence. It divides all, and unites all.

Chapters 6 and 7 address the question of the limitations on what States can achieve by using this framework. Just because a particular goal is good, it does not follow that it is useful to try to enforce that goal by making a law obliging people to pursue it; and just because there is a law, it does not means that it is useful to try to enforce it on every possible occasion. Law does some things well and some things badly, and the lawyer, like other craftsmen, is wise to work with the grain.

Chapter 6
What international law does well

Law works best where it expresses aims and values that are already firmly and generally held throughout society—where its role is to formalize and order people's behaviour, rather than to change it. The point is obvious, and no reason for disappointment. Little of the pain and misery in the world is the intended result of deliberate policies. Most results from lack of will, resources, or foresight.

There is an ambivalence in most reflection upon the state of international relations. On the one hand, there is the tendency to suppose that, as the Liberation theologians said, we must each drink from our own wells. People must fight for their own freedom and their own future, because outside intervention usually fails, and if it succeeds it generally leads to some new form of colonialism. What point is there in providing foreign aid, or in toppling a regime, if the country is so riddled with corruption and nepotism that the only result is to entrench another ghastly kleptocracy? What good is done by fighting to protect people from a government or insurgent regime if the protectors subsequently leave the country and it reverts to its previous condition? Why not let people get on quietly with their own lives? Why can we not cut the ties that bind us to foreign interests?

On the other hand, there is a more communitarian view. How can we leave terrorists to do their work in the Middle East, or disease to ravage African countries, when the dangers will soon arrive on our doorstep if they are not stopped? Would there be so much of a problem with people-trafficking and illegal migration if poverty and discrimination in the countries of origin were addressed? Cannot the burdens of addressing the problem of global warming be spread fairly between States?

International life is carried on between the extremes of isolationism and internationalism. We try to help our fellow human beings in some ways, at some times, and in some places; but we do not actually take overall responsibility for their welfare. Governments do help each other, but because they choose to and not because they feel obliged to do so: the first loyalty of a government is always to the people who could remove it or cut off its supply of money; and it is probably fair to say that if a foreign problem can be ignored, most governments will be inclined to ignore it. There is, nonetheless, a degree of international cooperation that may be surprising, and that raises the questions of the circumstances in which States choose to cooperate and the ways in which they do so.

The broad point is clear: States cooperate in making and applying international law in circumstances where they are agreed upon the goals to be pursued, so that the law is employed to express a willing cooperation between them rather than to force rules upon them. Indeed, perhaps the only rules of international law that can really be said to be imposed upon States against their will are peace treaties imposed by the victors (which have tended to give way in modern practice to more cooperative transitional arrangements between the entities concerned) and, at least arguably, the terms on which international bail-outs are made available to States staring into the abyss of bankruptcy. In other areas States agree, even if grudgingly in the face of domestic or international pressure, to enter into cooperative arrangements.

Why and how States cooperate

The mechanisms of agreement can take different forms. There are some matters on which all, or practically all, States genuinely take the same position. The idea that torture is unacceptable is an example. There may be differences as to what actually amounts to torture: the debates over water-boarding were the product of such differences. There may even be a mental reservation that would reluctantly regard torture as permissible as a last resort in an extreme situation such as the 'ticking bomb' scenario; and the list of States Parties to the UN Convention Against Torture certainly includes a number which are reputed to resort to torture. But no State will actually speak out in favour of maintaining a legal right for States routinely to engage in torture.

Then there are matters on which States do not particularly care what rule is adopted as long as there is a rule, in the way that within a State it is necessary to reach a decision, however arbitrary, on whether to drive on the right or the left of the road. There are many international agreements on technical standards, from the precise definition of a metre and a kilogram, and navigation rules and signalling codes for ships and aircraft, to labelling specifications for food and drugs, which illustrate this phenomenon.

There are also matters on which States do have firm views on what rule should be adopted, but nonetheless consider that it is better to have a compromise agreement on one rule rather than a free-for-all or a muddle of conflicting rules. Agreements between interested States to limit fish net sizes for conservation reasons, or to set design specifications for ships and aircraft that will be accepted as 'safe' by ports and airports worldwide, or to fix purity standards for food and drugs, are examples.

So, too, are the many conventions that harmonize national laws on various legal questions, such as the rules on the validity of wills and testamentary dispositions and on the validity of contracts: the acceptance of common rules makes it easier to give effect to legal transactions of individuals that have some international aspect. A familiar example is the Warsaw Convention for the Unification of Certain Rules Relating to International Carriage by Air, which sets out agreed rules on matters such as the extent of the liability of airlines for lost or damaged luggage: the Warsaw Convention is commonly referred to on air tickets. This is the domain of private international law (or 'the conflict of laws', as it is often known). Private international law is the body of rules within each national legal system that determines which State's civil laws apply to relations between private parties that have a 'foreign' element—for example, whether a marriage celebrated in Italy by a Scots man and an English woman is governed by Italian, Scots, or English law; or whether a contract between a US company and an Indian company to deliver goods and services to a project in Egypt is governed by the law of a US state, or of India, or of Egypt. Private international law focuses on the rights, duties, and powers of individuals under civil law, and is made up of rules within each system of national law. Public international law, in contrast, focuses on the rights, duties, and powers of States, and on the reach of their public power expressed in, for instance, their criminal and tax laws; and it is made up of rules of international law such as treaties and customary international law. Thus, each national legal system—English law, French law, etc.—has its own rules of private international law, but harmonizing treaties developed by organizations such as the UN Commission on International Trade Law ('UNCITRAL') and the Hague Conference on Private International Law are doing much to alleviate the practical problems that arise from differences between national laws which might lead to inconsistent answers to legal problems depending upon whose courts hear the dispute.

These examples indicate something of the considerations that tend to produce more international agreements in some fields than in others. Of course, there are intermediate cases, and other reasons for States to be keen to reach agreements; but the making of most international agreements reflects one or other of the circumstances described above.

Equally, the shared interests naturally tend to draw States into compliance with many of these agreements once made. Why, for instance, would a State wish to mislabel exported foodstuffs, knowing that routine checks would discover the fact and probably lead to the withdrawal of the goods from sale and to the refusal of the buyer to pay for them?

There are, however, circumstances where it may pay one State to break the agreed rules while others observe them. Limits on fish catches are an example. If everyone else observes the rules while State A does not, there is likely to be an increasingly healthy fish stock which benefits State A while it makes no contribution to the task of conservation and fishery management. This is the 'free rider' problem. State A takes the benefit: everyone else pays the price. The free rider problem is one reason why international standards have an inherent tendency to be rather lax. If standards are too strict, some States may not sign up to them at all. It is better to have standards that are loose enough for all the important participants in the activity to accept, so that all of the key States are at least bound by some standards, than to have stricter standards and find that some States refuse to accept them.

A final point on the reasons why States agree. Though it is sometimes thought that law should prohibit everything that is bad, most people realize that law is an exercise in the art of the possible. It is pointless laying down rules that cannot be complied with relatively easily. Environmental law offers a clear illustration. Universal agreement on a ban on the use of CFCs in aerosols was achieved in the 1987 Montreal Protocol on Substances that Deplete the Ozone Layer; but agreement on significant action to prevent climate change is elusive and still seems far off. Why? The answer is that the ban on CFCs was adopted only when commercially attractive alternative propellants were available to buyers, and manufacturers could switch to other products. While not wholly painless, the implementation of the ban was clearly both practicable and efficacious in serving the intended objectives of the ban. In the case of climate change, the costs of action are very high and would be unevenly distributed between States, and there is still doubt as to the efficacy of any particular measures. Finding a compromise is proving correspondingly difficult: it is easier to agree that something must be done than to agree precisely what it is, and when it shall be done, and by whom, and who will pick up the bill. Moreover, the action that would be necessary to implement any agreement would spread across the whole of social life—transport, energy, taxation, trade, urban planning, and so on—and is not within the remit of any single government department, so that it is correspondingly difficult for States to define their negotiating positions and to send negotiators with the authority to agree even to tentative compromises. As the UN Special Envoy for Climate Change put it after the 2014 Lima round of negotiations, there is enough progress 'to keep the multilateral process alive, but not enough progress to give confidence that the world is ready to adopt an equitable and ambitious legally-binding climate agreement'.

Facilitating cooperation

The examples mentioned so far all envisage prescriptive agreements: that is, agreements to adopt rules or standards requiring people to do or not do certain things, to which the States Parties are bound to conform, whether it be the proper labelling of jam jars or the prohibition of torture or slavery. These are, however, not the only kinds of international cooperation. Some arrangements are facultative, and designed to facilitate transactions rather than to prescribe rules or standards.

Cooperation between legal systems is one example. There are treaties on the reciprocal recognition and enforcement of judgments, for instance, which ensure that a judgment given by a court in one State Party will be given effect by the courts of another as if it were one of their own judgments, and with a minimum of formalities required. Other conventions provide for the service of legal documents abroad, and for mutual assistance between States in the gathering of evidence for the pursuit of criminal matters and tax investigations, and for access to social security and medical assistance. The Council of Europe is particularly active in this field. Apart from the European Convention on Human Rights it has produced around 200 other treaties, all designed to facilitate 'common action in economic, social, cultural, scientific, legal and administrative matters'. Specialized international bodies, such as the World Intellectual Property Organization and the World Health Organization, adopt treaties and other instruments within their own fields of action.

There are also arrangements that are focused on the provision of a forum for discussion, rather than on the laying down of the terms of a particular mechanism to address a problem of common concern. Thus, treaties establishing international organizations must be counted among the instances of international cooperation secured by international law.

The most obvious example is the United Nations. Its main function is simply to be there, rather than to do anything. It is the place where diplomats from around the world gather and can discuss anything that they choose. It is the site at which countless international understandings are arrived at and agreements and decisions on courses of action are made. The proportion of these that are ever recorded as resolutions, let alone as binding treaties, must be tiny: but the understandings and agreements are immensely important. No treaty is necessary to underpin coordinated military interventions such as the 'coalitions of the willing' that have been such a striking feature of the post-Cold War era, for instance.

The range of international organizations is enormous: the Brussels-based Union of International Associations ('UIA') lists over 66,000 of them, including dead and dormant bodies. Most (including the UIA itself) are non-governmental organizations, but there are upwards of 5,000 intergovernmental bodies. Many specialized international organizations admit States that are not (yet) Members of the UN itself. For instance, UNESCO—the UN Educational, Scientific and Cultural Organization—includes among its 195 Members Palestine and Niue, neither of which is yet a UN Member State. It is usual in international organizations for each State to have the same number of votes, regardless of its size or power—thus in UNESCO, Niue has the same number of votes as China, whose population is more than one million times the size of Niue's; but exceptionally some organizations have systems of weighted voting. The IMF and the World Bank and the EU are the most notable, where the relative sizes of States' votes reflect the economic power or importance of the States. In the IMF, for instance, the USA has 421,961 votes (16.75 per cent of the total), compared with China's 95,996, the UK's 108,122, and Tuvalu's 755.

These instances of international cooperation between States have in common that the benefits of cooperation outweigh the costs. Cooperation is, generally, not an exercise in altruism, but an exercise in enlightened self-interest; and some areas of international activity are more susceptible to this than others.

What States agree upon

Even a skim through some of the 2,600 volumes of the *United Nations Treaty Series*, available online, will reveal the immense variety of the treaties—bilateral and multilateral; local, regional, and global—that States have concluded since the middle of the last century. Other series, such as the *League of Nations Treaty Series* and the various national collections of treaties, contain many more from earlier years, some of which remain in force.

Any attempt to summarize this body of practice is bound to be somewhat arbitrary and distorted, but some focuses of international attention stand out.

Trade and economy

Arguably the most significant area of international cooperation is the international economy. The 160-Member World Trade Organization ('WTO'), which succeeded the General Agreement on Tariffs and Trade ('GATT') under the 1994 Marrakech Agreement, is the institution at the heart of a network of more specific agreements that define the principles upon which around 95 per cent of world trade is conducted. States were able to balance concessions in one area against gains in another so as to produce an overall package acceptable to the WTO members, governing not only tariffs and import restrictions but also matters such as subsidies, technical barriers to trade, rules of origin, sanitary and phytosanitary measures, and (more controversially) trade-related aspects of intellectual property rights. The WTO also administers the much-used Dispute Settlement Understanding, which provides for adjudications by dispute settlement panels upon allegations of violations of trading rules, including high-profile disputes over matters such as the EU ban on the marketing and importation of meat products treated with hormones.

Agreement on these matters has been hard won, and the WTO practice of adopting measures by consensus rather than by majority vote has often threatened its ability to play as active a role in the development of international trade policy as many would wish. Nonetheless, the framework that it has already installed is a considerable achievement.

The trade framework is complemented by the international monetary system, where the IMF oversees currency exchange regulations and the World Bank Group provides support for major projects in developing and transitional countries. The practice of attaching conditions to World Bank loans has provided an important mechanism for reinforcing international rules: for example, support for major dam projects has been made conditional upon compliance with international environmental standards. IMF conditionality has been more controversial, with accusations that the IMF has been used as a vehicle for the promotion of western economic policies of questionable utility to developing economies. Nonetheless, these bodies, and associated institutions such as the various regional development banks, and the so-called Paris Club and London Club which provide forums for the renegotiation of international debt, have done much to facilitate international trade and promote economic interdependence.

There are other treaties, too. Bilateral treaties for the promotion and protection of investments, measures to ease the integration of intellectual property rights into the trade framework, and harmonization measures have already been mentioned; conventions on international transportation, and on the movement of workers across frontiers can be added to the list. International law works well in this context because, while many of the obstacles to international trade flows may be the results of protectionist policies, the obstacles tend to take legal forms—either direct regulations on matters such as exchange controls, or obstacles that are the indirect results of divergences between national legal regimes. Both lend themselves to legal solutions in situations where goals, such as the relaxation of restraints on trade, are clearly defined and generally accepted. International organizations such as the International Labour Organization, the International Civil Aviation Organization, the International Maritime Organization, and the many bodies concerned with the infrastructure of transportation and telecommunications also perform a crucial role in oiling the wheels of international commerce.

Humanitarian law and human rights

A second area where international law has had considerable success is that of humanitarian law and human rights.

Humanitarian law is one of the oldest parts of international law, and the general desire of governments to avoid unnecessary suffering in warfare is a frail but vital thread running throughout its history. People like to think that they have right on their side when they use force against others, and that they can avoid senseless violence. The *jus in bello*, considered in Chapter 4, springs from that concern; and there is no doubt that by clarifying and reinforcing the demands of professional military discipline it has made a very important contribution to the mitigation of the suffering and waste caused by war.

The great global and regional human rights instruments of the United Nations era are also impressive achievements. Of course they are not always observed; of course they assert in stark terms very broad rights that probably could not ever be completely fulfilled. But the important thing is the articulation of internationally agreed standards against which the conduct of States can be measured. For the past seventy years no government could maintain that international law is irrelevant to the way that a State treats its own nationals, or that no State has the right to interest itself in such matters. The apparatus of regional human rights courts, international criminal courts, and supervisory committees to which States report (e.g. the UN Committees on aspects of human rights such as torture, the rights of the child, discrimination against women, the rights of migrant workers, and the rights of people with disabilities) keeps the subject in the thinking and policy-making of States.

Urban myths concerning human rights, of the 'man escapes deportation because he has a pet cat in the UK' variety, sometimes peddled by politicians who should know better, are misguided. Most of them are simply incorrect; but even if there is a grain of truth in some of them the solution must surely be for national authorities to apply international human rights standards more intelligently, and not to abandon the idea that there are some kinds of conduct that cannot be tolerated in any civilized society, even if some governments do try to engage in them behind drawn curtains.

Environmental protection

A growing body of evidence demonstrates the scale of the environmental and ecological threats that face humankind. Global warming, the destruction of natural habitats, and the alarming rate at which species are becoming extinct are problems that are now a routine part of primary school education around the world. It is an area where international law has chalked up some significant successes.

Pollution is no respecter of national borders; and any serious attempt to control anything more than local pollution within a State requires international cooperation. In order to bring about that cooperation, several factors need to be brought together: a common perception of the problem; a technologically sound and economically viable solution capable of making a significant contribution to the alleviation of the problem; and, in most cases, an understanding that the costs and benefits of action will be spread between States in a broadly equitable manner. Those factors have come together in several areas.

Marine pollution is one. Advances in ship design and equipment made possible a great reduction in pollution from both deliberate and accidental discharges of oil and other pollutants, and that potential benefit was realized by the adoption and implementation of a series of international agreements under the auspices of the International Maritime Organization. The agreements managed to phase in the new technology in an orderly and affordable manner, and to do so for the vast majority of world tonnage so that rogue shipowners would not be able to offer cheaper services and undercut the market by operating sub-standard ships. International law reinforced the agreements on design and operating standards through further agreements which coordinate the activity of port authorities around the world, ensuring that ships engaged in international trade are inspected frequently by one or other port along their voyages, and are effectively monitored for compliance with international standards.

There are comparable success stories in the field of ecology. Conventions that regulate fishing and hunting have preserved many species in the face of over-exploitation and the real danger of extinction. The adoption in national and commercial planning of concepts such as 'sustainable development', generated and refined by the UN World Commission on Environment and Development and similar initiatives, has given a readily understandable shape to environmental concerns and to the design of strategies to address environmental problems. Treaties such as CITES—the Convention on the International Trade in Endangered Species of Wild Fauna and Flora (see Figure 8)—and the Convention on Biological Diversity have had a great and beneficial influence upon the development of environmental controls. There can be few major civil engineering projects in the world now where the contractors or the funders or the host governments do not conduct environmental impact studies as a routine part of the project planning, for instance.

8. Repressing the illegal trade in ivory.

These examples illustrate a key point. The main value and practical impact of international law and international standards do not lie in decisions of international courts or tribunals or in resolutions of international organizations: they lie in the internalization of the rules and standards by governmental and private bureaucracies around the world, so that compliance becomes second nature. That is as true in the development of trade policy and humanitarian and human rights law as it is in environmental law. Indeed, it is true across practically the whole range of international activity.

Crime and punishment

A fourth focus of successful international cooperation is the repression of criminal activity. Crimes such as drug trafficking, money laundering, corruption, the counterfeiting of goods and medicines, cybercrime, and terrorism can only be dealt with by cooperation between national authorities; and international law is the natural vehicle for the protocols and understandings that secure such cooperation. INTERPOL, with 190 member countries, maintains a global network connecting national police forces, and facilitates cooperation between them on a day-to-day basis. The UN Office on Drugs and Crime is more concerned with the development of strategy and policy in relation to specific kinds of criminal activity of particular concern. And many of the treaties that have been drafted to overcome jurisdictional obstacles to the prosecution of international crimes also provide for cooperation between national authorities.

This is another area in which the law is well placed to facilitate international action because so many of the difficulties are themselves legal in nature. Piracy is a good example. Several European navies cooperate in policing waters in the Indian Ocean in order to deter or arrest pirates. Piracy has long been established as an 'international crime' which can be prosecuted by any State that arrests a pirate on the high seas; but it is simply impractical for, say, a British warship to sail back to the UK to hand over every pirate whom it might arrest for trial in the UK. It makes more sense to try the accused person in a nearby coastal State. But for that to happen the arrest must be carried out and the evidence collected in the manner required by the law of the State where the trial will take place. Furthermore, since the accused would be handed over by British authorities for trial, those authorities must be satisfied that the conditions of the trial and punishment are consistent with the UK's obligations under human rights treaties. International agreements settling appropriate procedures have made possible the trial of accused pirates by States such as Kenya, so as to enable international efforts to address the problem to proceed. The agreements are, of course, no panacea. The considerable cost to Kenya, and the social and economic conditions that foster piracy, are among the more obvious problems that also have to be addressed; but the alignment of the legal rules and procedures is a necessary step in clearing the way for practical cooperation.

The list of examples could go on and on; but there is little value in extending it. The point is that international law is best thought of as a way of doing things; and practically any kind of international arrangement that can be put into words can be made into law, and the arrangement fixed for future reference. There are, however, some things that international law does not do well, and it is to those that Chapter 7 turns.

Chapter 7
What international law does badly (or not at all)

International law is essentially a language (like a computer programming language) for recording agreements between States on principles and goals. Once the agreement is reached, writing it into law in the form of a treaty or inferring it from State practice as a rule of customary international law is not particularly difficult. And once the rule is articulated, the degree of compliance with it is usually broadly satisfactory. A skilled international lawyer can identify the critical areas of common ground, and lace them together with appropriate mechanisms for monitoring compliance and settling disputes so as to produce a robust legal regime to facilitate the implementation of the agreed principles and goals. But international law cannot manufacture agreement where none exists.

For this reason, international law is not well suited to the promotion of innovative solutions to international problems where the interests of States are radically divergent. That is the case in relation to climate change, and to the protection of commercial interests in proprietary drugs, for example. A developing State may take the view that its economy must be allowed a period of growth using old and relatively 'dirty' technologies, such as the developed world enjoyed through the two centuries following the Industrial Revolution; and it may consider that if there is an urgent human need for new drugs that it could manufacture and sell cheaply as generics, it should be permitted to do so. A developed State may take the view that the burden of averting an environmental disaster must be shared by all States, in a way that does not significantly upset the relative competitiveness of different economies; and it may consider that unless pharmaceutical companies can recover research and development costs by taking high profits from drugs during the limited life of their patent monopolies, research and development will dry up, to the detriment of the companies and of public health generally.

It is not the job of the lawyer to resolve debates such as these. Lawyers may be able to craft the terms of a legal obligation that provides for the phasing in of environmental controls on a timetable linked to the economic prosperity of the host State and the accounting write-down treatment of old plant and equipment, or devise a formula to define the circumstances under which a State may issue compulsory licences for the manufacture of patented drugs needed for use in an epidemic. But lawyers have no special ability or authority to decide whether any such solutions are or are not acceptable. That is a political choice. Most lawyers lack the expertise to say if such solutions would make economic or commercial sense—much less to give reliable predictions as to their effects upon employment or competitiveness.

Similarly, a lawyer can provide an answer to the question whether a particular military operation is or is not lawful as a matter of international law. But a lawyer has no special ability to say if there would be any moral justification for engaging in an operation that is lawful; much less can a lawyer say whether there would be sufficient military or political advantage in doing so. No matter how intense the debates over the legality of military action in Iraq or Libya or Afghanistan or anywhere else, that question should never be conclusive. Just because there is a right to do something, it does not mean that it is right to do it.

A related point is that international law cannot itself deliver international justice. Although its highest court is named the International Court of Justice, and the UN Charter insists on 'conformity with the principles of justice and international law' and the maintenance of 'international peace and security, and justice' as objectives, the currency of the international legal system is law, not justice. Thus, when deciding upon the boundaries between States at sea the International Court has made it clear that it considers that it cannot engage in corrective or redistributive justice. Poor States or States with short coastlines are not to be compensated by giving them a greater share of the seas adjacent to their coasts. Equally, ideas of unequal treaties or odious debts, according to which bargains accepted by States in the past can be overturned because their terms are regarded as so unfair as to be oppressive, have failed to take root in international law.

We transfer concepts such as justice, in any of its forms, from the national to the international stage at our peril. The difficulty of reconciling the duties of a democratically elected government towards its electorate and others who are within the State on the one hand, and towards citizens of other States and humankind in general on the other hand, is too great for it to be possible to make 'justice' a free-standing source of rights or duties in international law. International law may often be applied in circumstances where it appears that one State or another has to bear a burden not of its own choosing. A State unable to pay international debts because it has to deal with a famine at home, or where an ousted government has incurred massive debts through corruption or has embezzled State funds, may still be under a legal obligation to pay, no matter how great one's sympathy for the current government. The law can provide for the enforcement of legal rights and duties: the provision of aid and assistance to those who need it is a matter of policy. The law understands rights and duties; but it has difficulty with the concepts of compassion and forgiveness. While the law is an invaluable instrument for the implementation of policies that aim to make the world more just—the special preferential treatment given to developing States within the GATT and the WTO is a good example—it will not miraculously produce justice and fairness of its own force.

Nor can international law secure its own enforcement. If a State is set on ignoring its legal obligations, other States can impose sanctions upon it, and individuals may impose their own boycotts. But no law can itself compel a State to change its behaviour.

The law is an instrument; and lawyering is a craft. Neither can be pushed far beyond its natural limitations. This means that there are some areas in which, at least at present, international law is unlikely to be able to make much of a contribution to human welfare. International law will not reduce poverty or disease; it will not equalize life expectancies or incomes across the world, or access to water or to education. It can be used to express and give effect to the agreement of States to work towards these ends; but it cannot do more. The law can never establish a system so perfect that people do not need to be good.

Further reading

More detailed introductions to international law for non-specialists include *Brierly's Law of Nations* (7th edn, 2012, by Andrew Clapham) and my own *International Law* (2007). The collection of papers edited by Malcolm Evans, *International Law* (4th edn, 2014), is a thorough and advanced introduction to the subject that is particularly suitable for non-lawyers. The articles collected in the *Max Planck Encyclopedia of Public International Law* (published, and regularly supplemented and revised, online, and also available in hard copy) provide up-to-date and easily digestible accounts of a large number of key concepts. The *Introduction to Legal Research in Public International Law*, published online by the Institute of Advanced Legal Studies, and the Oxford Bibliographies *International Law* published online by OUP, are good starting points for further research.

Many books discuss international law from the perspective of international relations, though often more in the light of theory than of experience. Louis Henkin's *How Nations Behave* (2nd edn, 1979) is a classic text, still worth reading. Jack Goldsmith and Eric Posner's *The Limits of International Law* (2005) is an antidote to idealism, and perhaps to optimism. Philip Allot's extraordinary tract *Eunomia: New Order for a New World* (2001) offers a radically different and more hopeful view of international law and of its potential for making the world a better place.

Among the websites of particular interest to international lawyers are the network maintained by the United Nations <http://www.un.org/en/>, which has a specific section on the UN's work involving international law <http://www.un.org/en/law/>. Most other international organizations, such as the WTO <http://www.wto.org/> and the Council of Europe <http://hub.coe.int/> have their own websites. So, too, do the major international courts and tribunals, such as the ICJ <http://www.icj-cij.org/>, the tribunals organized under the auspices of the PCA <http://www.pca-cpa.org/>, the European Court of Human Rights <http://www.echr.coe.int/>, and the tribunals organized by the World Bank to hear investment disputes <https://icsid.worldbank.org/ICSID/>. Specific topics such as environmental law <http://www.unep.org/delc/EnvironmentalLaw/>, the law of the sea <http://www.un.org/depts/los/> and the law of armed conflict <https://www.icrc.org/en> have websites maintained by governmental or non-governmental organizations. In addition, general international law sites are maintained by many universities and associations. The sites of the American Society of International Law <http://asil.org> and the European Society of International Law <http://esil-sedi.eu> are particularly helpful, but by no means the only valuable sites.

“牛津通识读本”已出书目

古典哲学的趣味
人生的意义
文学理论入门
大众经济学
历史之源
设计，无处不在
生活中的心理学
政治的历史与边界
哲学的思与惑
资本主义
美国总统制
海德格尔
我们时代的伦理学
卡夫卡是谁
考古学的过去与未来
天文学简史
社会学的意识
康德
尼采
亚里士多德的世界
西方艺术新论
全球化面面观
简明逻辑学
法哲学：价值与事实
政治哲学与幸福根基
选择理论
后殖民主义与世界格局
福柯
缤纷的语言学
达达和超现实主义
佛学概论
维特根斯坦与哲学
科学哲学
印度哲学祛魅
克尔凯郭尔
科学革命
广告
数学
叔本华
笛卡尔
基督教神学
犹太人与犹太教
现代日本
罗兰·巴特
马基雅维里
全球经济史
进化
性存在
量子理论
牛顿新传
国际移民
哈贝马斯
医学伦理
黑格尔
地球
记忆
法律
中国文学
托克维尔
休谟
分子
法国大革命
民族主义
科幻作品
罗素
美国政党与选举
美国最高法院
纪录片
大萧条与罗斯福新政
领导力
无神论
罗马共和国
美国国会
民主
英格兰文学
现代主义
网络
自闭症
德里达
浪漫主义
批判理论

德国文学 儿童心理学 电影
戏剧 时装 俄罗斯文学
腐败 现代拉丁美洲文学 古典文学
医事法 卢梭 大数据
癌症 隐私 洛克
植物 电影音乐 幸福
法语文学 抑郁症 免疫系统
微观经济学 传染病 银行学
湖泊 希腊化时代 景观设计学
拜占庭 知识 神圣罗马帝国
司法心理学 环境伦理学 大流行病
发展 美国革命 亚历山大大帝
农业 元素周期表 气候
特洛伊战争 人口学 第二次世界大战
巴比伦尼亚 社会心理学 中世纪
河流 动物 工业革命
战争与技术 项目管理 传记
品牌学 美学 公共管理
数学简史 管理学 社会语言学
物理学 卫星 物质
行为经济学 国际法